《经济学动态》编辑部 ○ 编

经济学动态
学术观点集

大型研讨会2018

改革开放与中国经济
高质量发展新境界

中国社会科学出版社

图书在版编目（CIP）数据

经济学动态·学术观点集·大型研讨会.2018:改革开放与中国经济高质量发展新境界/《经济学动态》编辑部编. —北京：中国社会科学出版社，2019.11
ISBN 978-7-5203-5628-2

Ⅰ.①经… Ⅱ.①经… Ⅲ.①动态经济学—文集 Ⅳ.①F019.2-53

中国版本图书馆 CIP 数据核字（2019）第 238555 号

出 版 人	赵剑英	
责任编辑	王　曦	
责任校对	赵雪姣	
责任印制	戴　宽	
出　　版	中国社会科学出版社	
社　　址	北京鼓楼西大街甲 158 号	
邮　　编	100720	
网　　址	http://www.csspw.cn	
发 行 部	010-84083685	
门 市 部	010-84029450	
经　　销	新华书店及其他书店	
印刷装订	北京君升印刷有限公司	
版　　次	2019 年 11 月第 1 版	
印　　次	2019 年 11 月第 1 次印刷	
开　　本	710×1000　1/16	
印　　张	14.5	
插　　页	2	
字　　数	201 千字	
定　　价	88.00 元	

凡购买中国社会科学出版社图书，如有质量问题请与本社营销中心联系调换
电话：010-84083683
版权所有　侵权必究

编者说明

《经济学动态·学术观点集》作为一种新的尝试,是"经济学动态·大型研讨会"的会议成果。不同于传统的会议论文合集,这部"观点集"在会议发言的基础上,尽可能的保持专家学者的学术观点和学术思想,力争留下一份宝贵的、"原汁原味"的历史素材。在不影响业内读者理解和不违反语言文字规范的情况下,尽可能地保持了个人的语言习惯及约定俗成的表述,还原现场。为了保证文字记录的准确性,编辑部与发言者逐一核实,尽力避免内容的人为遗漏和曲解。

卷 首 语

随着2018年的到来，中国经济学界肩负的构建中国特色社会主义政治经济学的任务变得更加紧迫了。

这是因为，2018年，既是贯彻党的十九大精神的开局之年，又是改革开放40周年，也是决胜全面建成小康社会、实施"十三五"规划承上启下的关键一年。

党的十九大精神的灵魂所在，就是习近平新时代中国特色社会主义思想。这一源自习近平同志治国理政新理念新思想新战略的概括，同改革开放以来形成的中国特色社会主义理论体系相衔接，从理论和实践结合上系统回答了新时代坚持和发展什么样的中国特色社会主义、怎样坚持和发展中国特色社会主义这个重大时代课题。认识到中国特色社会主义政治经济学的"特色"二字，就在于以马克思主义为指导，立足中国实践，解决中国问题，可以说，党的十九大已经为中国特色社会主义政治经济学的构建打下了坚实基础。习近平新时代中国特色社会主义思想，不仅是构建中国特色社会主义政治经济学的主线索，而且为我们搭起了中国特色社会主义政治经济学理论体系的初步框架。

庆祝改革开放40周年的重心，显然不是简单的罗列成绩单，而是要以此为基础，将视野伸展至改革开放40年基本轨迹、基本经验和基本规律的系统总结上。在总结的基础上，提炼出有学理性的新理论，概括出有规律性的新实践。认识到中国特色社会主义政治经济学的基本来源，就在于对实践的总结，可以说，庆祝改革开放40年与构建中国特色社会主义政治经济学的路径是一致的。将两者巧妙地结合在一起,在系统总结改革开放40年丰富实践的基础上,对中国经济建设的实践进行理性分析和规律性总结,从总体上把握中国经济建设的进程,不仅可以讲好中国经济的故事,而且可以从总体上推进中国特色社会主义政治经济学的构建进程。

决胜全面建成小康社会、实施"十三五"规划,无疑是一场中国特色社会主义事业的伟大实践。这一过程,不仅要以习近平新时代中国特色社会主义思想为指导,而且可以为中国特色社会主义政治经济学的构建提供更加成熟的构件和更具实质意义的源泉。因而,从这个意义上讲,"以我们正在做的事情为中心",让中国特色社会主义政治经济学的研究与实践层面关注的实际问题相合拍,实现经济理论与经济实践的良性互动,提出并形成有用、能用、管用的研究成果,无疑是构建中国特色社会主义政治经济学的必由之路。

自1960年创刊以来,《经济学动态》一直是政治经济学研究成果最主要的发表阵地。特别是复刊40年来,《经济学动态》与改革开放同呼吸、与经济发展共命运,见证了我国社会主义建设实践不断向前推进的历程,也记录了一代经济学人为改革开放贡献智慧与孜孜不倦的学理追求。

站在2018年这一新的历史起点上,作为中国政治经济学领域的一个重要期刊,《经济学动态》将同广大的经济学界朋友们一道,不忘初心、牢记使命、继续前进,为构建在指导思想、学科体系、学术体系、话语体系等方面充分体现中国特色、中国风格、中国气派的中国特色社会主义政治经济学而贡献力量。

目　录

新时代中国经济学研究面对的重大课题及其研究现状 …… 高培勇（1）
以全要素生产率推动高质量发展……………………………… 蔡　昉（6）
释放消费力与提高发展质量…………………………………… 刘　伟（12）
中国经济发展的三大逻辑与两大突破………………………… 刘尚希（16）
更好发挥市场作用　加快建立现代化经济体系……………… 黄泰岩（22）
在建设现代经济体系中推动大健康领域的发展……………… 张车伟（26）
改革开放的突破口及启示……………………………………… 郭克莎（28）
新时代改革共识的核心问题：塑造一个什么样的
　　市场经济社会？…………………………………………… 杨春学（31）
从统计视角看新经济对提高经济增长质量和
　　效益的拉动………………………………………………… 许宪春（35）
高质量的发展需要高质量的制度来保证……………………… 杨瑞龙（39）
民营经济与高质量发展的内在关系…………………………… 罗卫东（42）
国际经济秩序与中国的应对
　　——中美贸易战所引发的思考…………………………… 佟家栋（44）
经济增长速度和结构变化如何促进经济高质量发展………… 黄少安（49）
内外双向开放才能利用好国际资源…………………………… 张　平（51）
高质量发展的经济学思考……………………………………… 唐未兵（53）
经济高质量发展与创新模式的选择
　　——基于历史经验的理论阐释…………………………… 沈　越（58）
国土开发与区域高质量发展…………………………………… 刘秉镰（63）
高质量发展与高质量就业……………………………………… 赖德胜（66）

中国经济高质量发展的战略重点 …………………… 张建华(70)
新时代中国特色社会主义的分配原则应该是共同富裕 …… 谢　地(75)
高质量发展的科学内涵 ………………………………… 张亚斌(83)
高质量发展的创新组织方式 …………………………… 卢现祥(88)
提高消费与实现高质量发展 …………………………… 陈彦斌(92)
高质量发展新阶段的宏观经济稳定 ……………………… 常　欣(96)
以改革实现有效率增长 ………………………………… 杨晓维(103)
高质量发展与中美贸易摩擦 …………………………… 周　文(107)
结构性去杠杆中的几个问题 …………………………… 潘　敏(111)
现代化与高质量发展的制度适应性 …………………… 袁富华(116)
居民收入差距与经济高质量发展 ……………………… 罗楚亮(121)
市场机制和现代化经济体系的逻辑 …………………… 杜　创(128)
中国特色社会主义政治经济学构建的马克思经济理论
　　形成逻辑启示 …………………………………… 乔　榛(130)
优秀企业家精神是中国经济高质量发展的关键 ……… 李　政(135)
从富起来的政治经济学到强起来的政治经济学 ……… 何爱平(142)
尊重经济规律、促进中国经济高质量发展 …………… 朱方明(149)
高质量发展的理论与实践
　　——兼议欠发达地区新时代发展质量的提升 …… 汪晓文(155)
改革开放40年的物价周期波动分析 ………………… 陈乐一(159)
经济增长的三个历史阶段：一个政治经济学视角 …… 邓宏图(165)
第四次工业革命与我国要素生产率提升 ……………… 杜传忠(170)
公共部门的养老与教育支出对人力资本及经济增长的
　　影响机制研究 …………………………………… 秦雪征(176)
农业高质量发展路径探析 ……………………………… 金成武(181)
我国非金融企业杠杆率 ………………………………… 汤铎铎(186)
农村养老保障、农村家庭消费和农民福利 …………… 张川川(191)
媒体宣传：雪中送炭抑或雪上加霜 …………………… 宗计川(196)

公共服务中政府与市场的关系
　　——基于经济思想史的考察 ················· 张　琦(199)
金融脆弱性、财政支出与政府援手的有效性 ············ 朱　军(204)
进口竞争的倒逼机制发挥作用了吗? ················ 魏　浩(208)
电价政策性交叉补贴与中国经济高质量发展 ··········· 谢　里(212)
军民融合与产业结构优化升级 ··················· 湛　泳(215)
后记 ······································(222)

新时代中国经济学研究面对的重大课题及其研究现状

高培勇

尊敬的各位前辈、各位嘉宾、各位同行、各位朋友：

大家上午好！

今天在这里举行的是"经济学动态·大型研讨会2018"。2017年12月，我们在这里以《经济学动态》挂名举办过一次研讨会。当时使用的名称是"纪念改革开放40周年暨《经济学动态》复刊40周年大型研讨会"。今天，我们以《经济学动态》大型研讨会这样一个名称，举行这样一个活动，意在将此作为经济所举办的重大学术活动的一个定例而延续下去。也就是说，从今年起，《经济学动态》大型研讨会都会于每年的秋季在北京召开。

2018年的5月17日，我们在这里还举办过一次大型的学术活动——"经济研究·高层论坛2018"。而且，当时也宣布，将这一高层论坛作为年会于每年的5月17日在北京持续举办下去。这样一来，经济所每年举办的层次较高、规模较大，也是举经济所全所之力举办的学术活动，主要有两个："经济研究·高层论坛"和"经济学动态·大型研讨会"。

在兼顾理论经济学和应用经济学的前提下，两个学术活动的侧重点有所不同。前者更多地侧重应用经济学领域问题的研究，后者更多地侧重理论经济学领域问题的研究。今天在这里举行的"经济学动态·大型研讨会"，我们的宗旨是，以习近平新时代中国特色社会主义经济思想为指导，推进中国经济理论研究和理论体系建设。

这个宗旨的确立，是和我们对经济理论研究的重要性和紧迫性的认识分不开的。

2017年党的十九大闭幕不久，《人民日报》（理论版）负责同志约我写一篇有关"新时代中国经济学研究面对的重大课题"的理论文章。我知道，不可能用一个课题覆盖新时代经济学领域需要研究的所有问题，需要研究的问题一定是一个长长的清单。经过反复考虑，我最终选择了四个题目：

第一，改革开放40年的系统总结。意在对改革开放40年的基本轨迹、基本经验做全面梳理的基础上凝练改革的基本规律。

第二，关于社会主要矛盾变化的经济学解释。我们都知道，由人民日益增长的物质文化需要同落后的社会生产之间的矛盾，转化为人民日益增长的美好生活需要和不平衡不充分发展之间的矛盾。这样一个转化过程，绝不仅仅是一个重大的政治判断，也是一个十分重要的经济判断。在这个过程中，实际上所揭示的是中国经济建设和经济理论的演进过程。

第三，新时代中国宏观调控体系研究。我们都知道，党的十八大以来，围绕中国经济形势和全球经济形势出现的转折性变化，决策层提出了一系列全新的理念、思想和战略，并形成了一套全新的宏观调控体系。概括起来说，就是坚持新发展理念，紧扣社会主要矛盾的变化，以供给侧结构性改革为主线，实现高质量发展。这是对宏观调控体系的高度概括。但是，对于这样的概括，尚未形成一个完整而系统的理论体系给予学理支撑和方法论支持。

第四，中国特色社会主义政治经济学的构建。从习总书记在2015年12月提出这样一个命题，到2016年5月11日确立要加快构建中国特色哲学社会科学，这个课题已经伴随我们走过了几年时间，目前对这个课题的研究进展怎么样？我们心中都有一本账。

把这四个方面的课题归结在一起，可以说，它们均属于党和国家关注的重大理论问题和重大现实问题，也均属于在党和国家事业全局层面亟待解决的重大理论和重大现实问题。当然，它们也是亟须经济理论工作者在深入研究的基础上提供学理支撑和方法论支持的重大理论和重大现实问题。

环顾一下目前中国经济理论界研究的状况，应当说，迄今的研究进程并不令人满意。

第一，关于改革开放40年的系统总结。我们一直强调，纪念改革开放40周年最好的方式，也是经济理论工作者最需要做的工作，不是简单回顾改革的历程，也不是简单罗列改革开放40年的成绩单——40年前我们是什么数字、40年之后我们是什么数字。我们最需要做的是，要在系统总结改革开放40年基本轨迹、基本经验的基础上，提炼基本规律，做出理论概括。其中，特别需要做的一项工作，就是系统总结改革开放40年的经济思想史。大家知道，它取决于我们对改革开放40年的基本规律的认识，取决于我们对改革开放40年的理论概括。倘若在理论概括、基本规律提炼上没有取得实质性进展，或者尚未取得能够达成基本共识的实质性进展，改革开放40年经济思想史的研究和写作，就不是一件容易的事。

第二，社会主要矛盾的变化。我们也都知道，它实际上是支配中国经济发展的一条主线索。改革开放40年的历程，从某种意义上讲，就是社会主要矛盾发生转化的一个具体的反映。沿着社会主要矛盾变化这条主线索，把改革开放40年的事情交代清楚，从而做出规律性的总结，也是需要我们投入不少精力和气力去做的事情。

第三，宏观调控体系。过去五年，我们已经形成一套颇具中国特色的宏观调控体系。其实，在它的背后，就是中国特色宏观调控理论的形成过程。对于这套理论，我们总结得怎样？当把这套理论和传统的宏观经济学理论加以对比的时候，其中的变化究竟体现在什么地方？它的最实质的内容我们该如何去贯彻？当我们提出以习近平新时代中国特色社会主义经济思想来指导经济工作的时候，特别是指导宏观调控工作的时候，我们还有哪些问题没有解决，这是需要研究的。

第四，中国特色社会主义政治经济学的构建。在目前的中国经济学界,可以看到不同的研究线索。不同的学术机构、不同的学者基于不同的理解,在写作不同版本的中国特色社会主义政治经济学教材。我们是不是需要在此基础上进一步凝聚共识,从而形成一套能够为经济学界所共识,为社会各界人士所公认,在理论上能够说得清楚、在实践上能够行得通的中国特色社会主义政治经济学教材,这也是摆在我们面前的一个十分重要的任务。

在这里,特别需要指出的是第三个题目——中国宏观调控体系。大家已经看到,从2018年7月6日中美贸易摩擦正式开启并不断升级以来,面对中国经济形势内外部环境变化而形成的经济下行压力以及稳中有变的这样一种新的形势,经济学界已经提出了不少政策建议。社会各界也从不同角度提出自己的政策主张,这些政策建议和主张大体上可以概括为:第一,要求政府大规模扩大投资;第二,要求政府实行大规模减税;第三,要求政府放松信贷管制;第四,要求政府放松监管。对于这样的政策建议和主张,该怎样评价,它的实施效果究竟如何,不是我们今天重点讨论的话题。

我想强调的是,面对这些政策建议和主张的时候,极易联想起十年之前那场反国际金融危机的操作。它给我们一种似曾相识,甚至疑似惯性思维的印象。2008年之前,在党的十七大之后,在贯彻落实科学发展观的旗帜下,我们已经开启了转方式、调结构的实质性操作。到2008年上半年,北京房价逐步企稳并且有下跌态势,不少人犹豫该不该那时候买房。但是国际金融危机的浪头打来,我们被迫中断转方式、调结构这样一个来之不易的历史进程,而转向"放水"——实施以4万亿元投资为主要内容的扩张性操作。当今天我们又面对类似那时的政策建议和政策主张的时候,不由得萌发一种担忧,如果真的照此做了,中国会不会再次失掉结构调整的历史机遇?

除此之外,还会想到,当人们提出类似这样的政策主张和政策建议的时候,他脑子里想的或者支撑他的理论体系是什么?是党的十八大以来所形成的新理念、新思想和新战略,还是传统意义上的需求管理理论？我们曾做过系统总结，经济发展新常态不同于经济发展旧常态，高速增长不同于高质量发展，供给侧结构性改革不同于需求管理政策。我们今天该如何面对这些问题？

一个更深层次的判断是，之所以出现这样的观点和政策主张，之所以让我们联想到疑似惯性操作和似曾相识的历史现象，一个最根本的原因是，中国经济学界的理论研究供给不够平衡、不够充分。我们虽然在阐释这些新理念、新思想、新战略，但是我们阐释的效果怎么样？是不是能够达到让人们听得懂、听得进并且真正融会贯通的地步？倘若人们能够像过去熟悉需求管理那样熟悉供给侧结构性改革，能够像熟悉高速增长那样熟悉高质量发展，能够像熟悉经济发展旧常态那样熟悉经济发展新常态，当面对中美贸易摩擦这样一个新挑战的时候，我们会做出怎样的反应？还有必要担忧会走回头路、重蹈覆辙吗？

不管怎样，认识到我们必须跨过中美贸易摩擦所引起的经济形势稳中有变这样一道"坎儿"，以今天的会议作为一个重要契机和平台，聚焦于改革开放40年和中国经济高质量发展新境界这样一个主题，请大家从理论的高度深入思考当前面临的一系列重大课题，从而让我们以更平衡、更充分的经济理论研究供给，来回应新时代的呼唤，回报党和国家对我们提出的希望，无疑是极富有历史意义和现实意义的。

谢谢大家！

（作者单位：中国社会科学院）

以全要素生产率推动高质量发展

蔡　昉

党的十九大报告做出我国经济已经从高速增长转向高质量发展的重大判断,提出提高全要素生产率的紧迫要求。全要素生产率是一个经济学的专业术语,其具体估算涉及较为复杂的统计方法。在党的十九大报告中提出这个要求,凸显出该指标对于我国决胜全面建成小康社会、开启全面建设社会主义现代化国家新征程具有的重要性和针对性。经济史表明,全要素生产率表现如何,可以解释国家经济发展为什么有成功与失败以及为什么一些经济体跨入高收入国家行列,而另一些则徘徊于中等收入陷阱。对中国改革开放前后发展绩效的对比,也显示了全要素生产率的关键作用。准确理解全要素生产率的理论内涵、现实意义和与之相关的经验教训,有助于找准改革的关键领域,更清晰地界定政府所应履行的职责与市场机制的作用,以实现创新驱动的更高质量、更可持续经济发展。

一　用全要素生产率衡量发展质量

长期以来,我们都把提高劳动生产率即单位劳动投入创造的产值,作为衡量经济发展水平、质量及可持续性的重要指标。由于这个指标具有高度的综合性和目的性,实际上我们仍然坚持以此作为衡量经济发展质量的终极标准,这一点并没有变。然而,全要素生产率可以更好地兼顾高质量发展的目的与手段,是提高劳动生产率的可持续途径,正因为如此,在 2016 年 12 月召开的中央经济工作会议上把"提高劳动生产率"同"提高全要素生产率"作为并列且递进的要求。我们可以从提高劳动生产率的三种途径认识这个关系。

第一是通过提高资本—劳动比。通过使用更有科技含量因而更有效率的机器设备，使资本投入快于劳动投入的速度，资本有机构成提高，可以提高每个工人创造的产值。然而，提高资本—劳动比是有条件的和有限度的，如果资本（机器）替代劳动的速度过快，超过了劳动者技能提升的限度，就会发生资本报酬递减现象，也就是说进一步投入资本，不再能带来相应的产出增加，投资回报率下降，反而降低了资源配置效率。从2004年开始，中国始终处于劳动力短缺状态，普通劳动者工资加快上涨，推动了企业以资本（机器或机器人）替代劳动（工人）的过程。由于工人的技能水平等其他条件没有发生根本性变化，导致投资回报率持续降低。

第二是通过提升人力资本水平。通常，经济学家用劳动者的平均受教育年限作为人力资本的度量。把这个指标作为总体生产函数的解释变量，人们发现其对于经济增长绩效具有显著的正面效应。然而，通过改善人力资本提高劳动生产率是一个长期过程，劳动年龄人口平均受教育年限的提高需要假以时日。例如，提高以普及九年制义务教育和高校扩招为代表的教育大发展，中国成为世界上教育赶超最快的国家之一。然而，从联合国开发署的数据看，在1990—2000年、2000—2010年以及2010—2017年三个时期里，中国人口的平均受教育年限仅分别提高了1.7年、0.8年和0.5年。这也使得人力资本对经济增长的贡献固然稳定且显著，绝对幅度却较小。

第三是通过提高全要素生产率。经济学家在分解经济增长因素时发现，资本、劳动、人力资本等生产要素的增长，并不能完全解释产出［如国内生产总值（GDP）］的增长，而在生产要素贡献之外的那部分增长源泉，则来自全要素生产率的提高。例如，作者和同事对1978—2010年9.9%的GDP增长率进行分析，发现资本积累、劳动力数量和人均受教育年限这三个生产要素变量，只能解释增长率的 76.1%，余下的 23.9% 来自全要素生产率的贡献。由于全要素生产率的提高是在要素投入既定的条件下，通过更有效地配置和使用这些要素获得额外产出增长，因此它是更加可持续的劳动生产率和经济增长源泉。

改革开放的前 30 年，恰好与中国人口转变的一个特殊阶段相重合，这期间的人口变化以劳动年龄人口快速增长、非劳动年龄人口近乎零增长为特征。例如，1980—2010 年，15—59 岁劳动年龄人口年均增加 1.68%，这个年龄之外的非劳动年龄人口则以年均 0.01% 的速度略有减少。这种"生之者众、食之者寡"的人口结构开启了一个机会窗口，分别从高储蓄率和高资本回报率、劳动力数量和质量充分供给以及资源重新配置等方面创造了人口红利，并通过改革开放转化为高速经济增长。随着 2010 年以后劳动年龄人口转向负增长，人口抚养比提高，传统人口红利加快消失，生产要素驱动的经济增长难以为继。中国经济保持中高速增长，必然要转向以全要素生产率驱动的高质量发展。

二　全要素生产率本质上是配置效率

关于全要素生产率在理论上该如何认识，在现实中源泉何在的问题，经济学家众说纷纭，由此导致对于经济体现状和前景的判断不尽一致。例如，美国经济学家保罗·克鲁格曼和阿尔文·扬早在 20 世纪 90 年代初期就唱衰亚洲"四小龙"的经济增长，依据就是看不到这些经济体的全要素生产率增长。他们一直以来也否认中国高速经济增长时期的全要素生产率进步，并因此执着地否认这一增长的可持续性。亚洲"四小龙"先后进入高收入经济体行列，以及中国经济长达 40 年保持高达 9.5% 的年均增长率，并跻身中等偏上收入国家行列，不间断地向高收入国家行列迈进的事实，不仅打破了他们的诅咒，也证明他们对赶超型经济体全要素生产率进步的源泉具有不尽正确的认识。

摆脱新古典增长理论的束缚，以兼收并蓄的态度审视发展经济学的成果，吸取发展中经济体赶超成功的经验和不成功的教训，特别是深入分析中国在改革开放时期经济增长历程，有助于我们更加准确地理解全要素生产率。从下面概括的几点特征化事实，我们可以把全要素生产率理解为一种资源配置效率。这里使用经济学家的名字称谓相应的生产率提高来源，是为了标注这些效应的理论渊源。

第一是"库兹涅茨效应"。通过对大量时间序列和跨国数据进行分析，经济学家西蒙·库兹涅茨得出结论，伴随经济增长发生的产业结构变化，是遵循着生产率提高的目标和顺序演进的过程。生产要素特别是劳动力从低生产率产业转向高生产率产业，就带来整体经济范围的资源配置效率提高。很多关于中国经济发展过程的计量分析也表明，在劳动生产率或全要素生产率的改善中，产业结构变化带来的资源重新配置发挥了重要作用。例如，在1978—2015年整体劳动生产率（劳均GDP）的提高中，第一产业、第二产业和第三产业的贡献合计为56%，而其余44%的贡献便来自劳动力在三次产业间的重新配置。

第二是"熊彼特效应"。经济学家约瑟夫·熊彼特的突出贡献在于指出创新在经济发展中的重要意义。同时，他的创新理论强调"创造性破坏"，即通过经营者的自由进入与退出，让那些有竞争力的企业生存和扩大，让没有竞争力的企业萎缩和消失，从而提高整体经济的全要素生产率。一般来说，处在早期发展阶段的国家，更多从产业之间资源重新配置获得生产率提高的源泉，而一个国家越是处于较高的发展阶段，则越多地从企业之间资源重新配置获得生产率提高的源泉。例如有研究表明，在美国这样的发达国家，企业的进入、退出以及生存、消亡，对生产率提高的贡献可高达三分之一到一半。

第三是"罗默效应"。企业都要通过提升人力资本、"干中学"和采用新技术等创新手段提高生产率，从而获得竞争地位，然而并不是每个企业都能创新成功，一个国家的整体技术进步也不表现为所有企业齐头并进。经济学家保罗·罗默把技术进步看作是经济增长内生的过程，认为创新带来规模收益递增，企业能否扩大规模进而获得更多的生产要素等资源，终究取决于其创新能力而不是其他因素。这就意味着，用非市场竞争的方法扩大企业规模或者人为挑选赢家，都是与提高全要素生产率的要求相背离的。

三　围绕市场—政府关系深化体制改革

上述从资源配置效率认识全要素生产率的视角，为如何寻找提高生产率的恰当抓手提供了有益的启示。党的十九大报告强调使市场在资源配置中起决定性作用，更好地发挥政府作用，正是围绕提高全要素生产率进行改革所必须遵循的原则。同时，理顺政府与市场的关系，依然是深化经济体制改革、提高全要素生产率的关键。从当前中国经济面临的现实挑战出发，立足于创造有利于资源合理配置的体制机制，以提高全要素生产率推动高质量发展，需要给予以下改革领域特别优先的顺序。

首先，政府更好地发挥作用的关键，是以其有形之手构建和维护市场无形之手配置资源的体制机制。归根结底，创造性破坏机制强调的是从宏观层面为企业提供正面和负面激励，促使其以创新和提高生产率为导向。从微观层面，政府无须试图找到自己直接操作的政策抓手，更不能人为挑选赢家。政府不能缺位也无法替代的职能是，营造公平使用生产要素、允许自由进入和退出，以及以生产率表现和市场竞争力为评价标准的公平竞争机制和优胜劣汰环境。这方面的改革包括改善营商环境、消除经营许可和要素获得方面的所有制歧视和规模歧视、打破行业的进入和退出障碍。

其次，清除资本、劳动力等生产要素在城乡之间、地区之间、产业之间和经营者之间流动的体制机制障碍，促进重新配置。户籍制度改革是其中改革红利最明显的领域，以农民工市民化为核心推进这项改革，可以在新型城镇化进程中推动劳动力从低生产率领域向高生产率领域的转移，获得资源重新配置效率，进而提高全要素生产率。本文作者和同事的研究表明，从劳动力流动这个资源重新配置中，每获得一个百分点的全要素生产率改进，可以使GDP增长率得到同等百分点的提高。

再次，在继续加大对研究和开发以及教育培训投入规模的同时，优化投入资源的使用和配置，抑制资本报酬递减现象，推动大众创业万众创新发展。在任何时候，技术进步都是全要素生产率提高的源泉，而人力资本除了直接成为劳动生产率提高从而经济增长源泉，还是全要素生产率提高的必要条件。经济学家约翰·沃利等的研究表明，人力资本对中国经济增长的贡献率高达38%，其中11.7个百分点是直接贡献，其余26.3个百分点是通过提高全要素生产率做出的间接贡献。

最后，围绕处理好政府职能和市场机制的关系，调整和调适现存的不利于全要素生产率提高的政策缺陷。在应对2008—2009年国际金融危机对中国实体经济影响时，宏观经济政策在执行反周期职能之外，也被赋予刺激中长期经济增长的产业政策职能。这种政策取向与地方政府GDP挂帅的政绩观相配合，造成杠杆率高企、产能过剩和僵尸企业等积弊。这种宏观经济政策履行产业政策职能的现象，也损害了市场选择赢家的资源配置原则。在宏观经济政策回归以"不搞强刺激"为前提的审慎货币政策，以及立足于减负、减税、减费的积极财政政策的同时，要从目标和手段上把宏观经济政策与产业政策区别开，实现各司其职，防止越俎代庖。

（作者单位：中国社会科学院）

释放消费力与提高发展质量

刘 伟

刚才听高培勇副院长介绍情况的时候我还想到一个问题，我们经济研究所一代代走过来，以及《经济研究》《经济学动态》一路走来，给我提出一个非常深刻的、值得认真思考和研究的问题，就是怎么树立中国经济学的自信。因为中国社会科学院经济研究所的《经济研究》和《经济学动态》，它们引领着一种风气，即努力追求结合中国实际，从中国出发解决中国经济面临的问题。为什么这么讲？中国经济学高等教育的开始是在20世纪初，北京大学也好，清华大学也好，武汉大学也好，先后设立经济学学科。这些经济学学科设立的时候基本按照西学，就是按照西方经济学学科设立。可以把现在的课程表和20年代这些大学的课程表对照一下，可能内容有变化，形式上、结构上变化不大。这说明一个问题，中国经济学高等教育实际上在很长一段时间里是缺乏自信的。刚开始就是照着西方的来，因为近代以来它比我们发达。最开始它们把我们打蒙了，这样就要学人家。首先是经济落后就学人家经济。学经济发现人家有经济学，就开始设经济学学科，照着它来的。50年代以后我们又全盘照着苏联来。我们的教科书、我们的课程内容基本上照着苏联来，缺少我们自己的，为什么照着苏联呢？我们当时认为苏联是先进的，无论制度还是经济发展，所以我们照着它来。无论照着西方来，还是照着苏联来，一句话，我们缺乏我们的自信。而这种缺乏自信的根基是什么呢？我们落后。经过长期的探索，包括毛泽东同志这一代艰苦的探索，特别是改革开放40年我们取得了很多发展，取得了很多宝贵经验，这个发展实践过程支撑着中国经济学的研究，包括经济学的教学。我们经济研究所这些学者，以及他们旗下的杂志，带领创造了一种很好的风气，就是什么呢？探索如何树立我们中国人自己的自信，在解决中国具体问题当中取得进展，而不是简单机械地照搬他人的。这一点是我们纪念《经济学动态》复刊40周年，需要特别予以关注和尊重的。

关于今天的主旨演讲，即转变发展质量的问题，我想用几分钟的时间，把我的观点说一下。我想讲一下关于"释放消费力与提高发展质量"的问题。以消费还是以投资为主拉动经济增长？其实这里是增长方式的问题，更要紧的是增长的机制问题，就是到底主要靠政府，还是主要靠市场配置资源？如果是以消费需求拉动，特别是以居民消费拉动的话，客观上它只能主要依靠市场力量来带动增长。如果说以投资驱动为主拉动经济增长，我不敢说它是必然，但是它非常容易导致各级政府，包括中央政府和地方政府作为主要的动力去驱动经济增长。所以我们现在提出转换增长动能、转变发展质量、转变发展方式的时候，需要讨论释放消费力，使消费成为真正推动经济增长的新动能。这个问题后面体现的一个更重要的问题，是对经济运行机制、经济资源配置方式的根本转变上的某种选择，或者某种改革深化方向的判断和坚持。

从经济发展的角度来看，我们国家消费力获得了很大的提高，这个提高的基础是40年改革开放带来的发展。我们现在人均GDP水平按汇率折算已经到了8800多美元了，按世界银行划分标准已经进入中上等收入水平的阶段。在中国的人均国民收入平均数左右的水平上，现在大概有多少人？4亿多人。这就占中国总人口大概30%的样子。这就是人们通常所说的中国形成了有人叫中产阶级，有人叫中等收入阶层，4亿多人，这样一个中等收入的社会力量，它构成了什么？很可能构成我们消费持续增长，进一步活跃的一个非常中坚的消费力量。当然我们也看到我们有大量的人收入是低于6000美元的，也就是相对来说比较显著地低于平均水平，这是另一个问题，这是分配结构问题。

我也看到一个数据，中国 2018 年上半年社会消费力过了 18 万亿元，今年全年有望中国国内内需消费能力超过美国。这就意味着中国有可能成为世界第一大内需消费市场。中国消费市场内需的绝对规模在世界上居于领先地位，它是一个不争的事实，这是很客观的。所以这就为我们在新常态、新条件下，转变发展方式，转换增长动能，从过去长期靠投资为主，转向消费拉动为主，提供了深厚的经济发展基础。而且，从上半年的数据来看，现在消费对经济增长的贡献，查了一下大概 78% 以上，比资本形成对资本贡献高出 40 多个百分点，也从一定意义上反映出这种客观趋势。

但是进一步说，和这种发展阶段相比，消费对经济增长贡献和拉动还远不尽如人意，还有很多被束缚的地方。看几个数据，消费与可支配收入高度相关，而可支配收入和 GDP 高度相关，我们国家现在的问题是什么？首先，可支配收入占国民收入比重偏低，大概是 45%，而一般国家差不多在 50% 以上。可支配收入是最后形成消费的部分，通过初次分配、再分配，若偏低，就抑制了消费应有的增长。其次，我们储蓄比例偏高，也高于世界一般水平，我们大概在 45% 左右，显著高于其他国家的平均水平。当然也有疑问，因为中国高储蓄率里面，很大一部分是企业和政府的储蓄。但是问题在哪儿？动态地看，居民部门，就是住户部门的储蓄率增长速度是持续上升的。这最终又进一步抑制了我们应有的可能达到的消费上限。

结果是什么呢？有一组数据，我们消费需求增长速度落后于我们名义 GDP 增长速度。消费需求约为 14%，名义 GDP 约为 16%。消费需求个别年份可能高一点，但长期我们是落后的。这说明什么呢？说明我国的消费需求增长和经济增长之间不适应。进一步释放消费力，可能有很多工作要做，有体制的转化，包括财政政策和货币政策的调整等。

从财政政策看，我们知道中国间接税很大，也就是流转税，就是增值税、车船税、附加税等，最后都通过价格，转嫁到消费者身上，谁最后消费，谁承担前面一系列流转环节的税，这比一般发达国家要高得多。不仅如此，消费税方面，97%是一般消费品（奢侈品占3%），这个又远高于世界一般水平。也就是说，主要是从价的流转税，加到消费者头上，主要又是加到一般消费者头上，即大众消费，这从财税政策上对消费力是有抑制效应的。

从货币政策看，货币政策对消费者的影响是不对称的，不同收入家庭，储蓄、房产或者资产结构形式不同，通货膨胀对其影响是不对称的。通货膨胀带来的问题可能对高收入家庭影响小，对低收入家庭影响更大。城乡之间也不对称，这可能进一步拉大收入分配差距。收入分配差距形成的原因很多，包括居民之间的基尼系数，产业之间的差距，地区城乡之间的差距等，差距扩大会抑制消费。

习近平总书记讲，我们做的工作说来说去就是两件事：一是如何把蛋糕做大，就是发展；二是如何把蛋糕分好，就是要有公平正义。差距扩大不仅影响的是公平，同时影响效率，影响经济增长。所以下一步我们怎么在持续发展的基础上解决好收入分配问题，以使我们消费确确实实能够和经济发展相适应，进一步释放我们的消费力，使它成为经济增长的主要动力是十分重要的事情。这就需要努力推动中国发展方式的转变，使市场机制在资源配置中切实发挥决定性作用，同时更好地发挥政府作用。

（作者单位：中国人民大学）

中国经济发展的三大逻辑与两大突破

刘尚希

非常高兴来参加这个会,刚才听了几位的发言还是很有收获。有这样的盛会确实非常难得。在这里,我想围绕会议主题"改革开放40年,建立现代经济体系"谈点看法和认识。讨论改革开放40年,这实际上至少蕴含两个角度:一个是历史的角度,另一个是实践的角度。当然,这还离不开理论的角度。我国在社会主义经济建设上,现在已经进入新时代。站在一个新的历史起点上,我们回顾这40年,应当说经济上取得了巨大的成功,可以说是人类发展史上的一大奇迹。这40年为什么成功了?秘诀在哪里?大家都有总结,我觉得最重要的一点,就是把国家的发展和市场经济有机结合起来了。讨论中国的经济发展,我觉得必须回到一个基本命题,那就是"社会主义市场经济"。

一 研究中国经济,必须从"社会主义市场经济"这个完整命题出发

在一些学者的眼中,社会主义是一个定语,看重的是市场经济。所以我们研究经济学往往都是研究市场经济学的一般,而没有从社会主义市场经济这个完整的命题出发来研究,这就可能使我们会忽略一些基本问题。在过去的发展中,忽略定语,注重市场,也许问题不大,短缺时期做大蛋糕是首位的目标任务。而现在进入中上等收入发展阶段,社会主义所要求的共同富裕已经不容忽视了。一些

中国才有的基本问题在市场经济的实际运行过程中有重要影响，如党领导下的政府如何发挥作用、大量土地等国有资源如何进入市场、不同所有制经济如何公平竞争、国有企业如何定位，等等。这些问题都和社会主义历史地联系在一起，随着社会主义市场经济这个命题的确立，一同进入中国市场经济之中，形成另一种类型的市场经济。不管你喜欢不喜欢，这是历史条件和现实基础，是无法回避的。只研究市场经济的一般，不研究市场经济的特殊，市场经济学就会脱离中国实际。只研究资本主义私有制衍生的市场经济的一般，不研究社会主义公有制衍生的市场经济的一般，就更谈不上基于中国的社会主义市场经济实践而形成社会主义市场经济学。这其中蕴含了历史的逻辑、实践的逻辑和理论的逻辑。

市场经济有很多一般性的共性东西，但各国都有不同，更何况政治架构殊异的国家之间的市场经济。认为中国搞国家资本主义，那只是基于表象的判断。与国际接轨，并非要丢掉自己的个性，而社会主义就是中国的个性。全球化，可能恰恰是在世界分工中各国个性（政治个性、资源个性、经济个性的综合）所造就的优势彰显的结果。抛弃意识形态的历史偏见，资本主义与社会主义并非水火不容，毕竟二者各方面都在发展变化，都是对人类发展过程中的一种探索。对中华民族的复兴和中国人民的幸福来说，管用的才是科学和真理。

二　中国经济发展的三个逻辑与两大突破

中国的经济发展有三个逻辑：理论逻辑、历史逻辑和实践逻辑。理论逻辑我们从发达国家的市场经济学里可以汲取很多的营养，也借鉴了很多。但是实践逻辑、历史逻辑很难从他国的历史和实践中去找出什么线索。因为我们国家的发展，完全是基于我们自己的逻辑。就是说实践逻辑、历史逻辑跟其他的市场经济国家是完全不同的。我们从计划经济走向了市场经济，其他国家没有这样的历史。

我们的实践逻辑是在党的领导之下，坚持四项基本原则，也就是在社会主义前提下搞市场经济。所以我们的理论研究只有回到这个基本命题，就是社会主义市场经济，真正面对我们的国情和现实中的各种各样的问题，而不是采取鸵鸟政策，去回避我们现实中的很多问题。我们学界的研究，现在有一种鸵鸟现象。就是回避很多现实的问题，不愿意去说，不愿意去研究它，而更愿意以另一种乌托邦的思维，靠数学模型去做抽象的、所谓一般的市场经济的研究。这样的研究对我们的改革也好、发展也好，实际作用不大。

社会主义与市场经济两者结合起来，突破了两个教条：一个是计划经济的教条，另一个是公有制的教条。对于计划经济的教条大家都知道，长期以来把计划经济等于社会主义，这个教条逐渐破掉了。第二个教条，就是公有制的教条，过去的国内外主流理论认为，在公有制基础上不能搞市场经济，只能是搞计划经济。但我们的市场经济实践也搞了这么多年，而且还搞得相当不错。在意识形态上解放思想，在实践中积极探索，整体来看上述两个教条被破除了。但是从理论上、从实践上深度观察，上述两个问题其实并没有完全解决。第一个问题，从意识形态层面来看解决了，但实际操作层面没解决。这涉及政府怎么去调控和管理经济的问题，现在依然还有行政的色彩，有运动式的监管。这些实际上都是来自传统的计划经济体制惯性，政府职能还没有完全符合市场经济的要求。进一步来看，这涉及怎样更好地发挥政府作用的问题。虽然政府与市场的关系没有普适性的模式，但是我国的政府与市场关系如何彻底摆脱传统计划经济体制的影响，尤其是在宏观经济遇到困难时如何避免不由自主地复归的倾向，依然是我们当前面临的重大问题，都还需要在探索中去尽快解决。

当前需要防范化解重大风险，降低宏观杠杆率，推动供给侧结构性改革，诸如此类问题应当怎么去解决呢？政府怎么去调控，怎么去管理呢？大家都看到了，其实我们还是习惯于采取行政化的方式去推动。计划经济的教条破除了，但是这种思维方式并没有完全消除。这就妨碍了政府怎样在市场经济条件下更好地发挥作用。

第二个问题，公有制的教条破除了，在公有制基础上搞市场经济。但是我们一个基础性的问题没解决好，那就是产权关系。产权不等于所有权。从历史演进的逻辑来看，产权是所有权权能的社会化、结构化的结果。在市场经济条件下，产权走向前台，所有权退向背后。所以，产权而不是所有权成为市场经济的基石。党的十九大报告对此有明确的表述。不说所有权是市场经济的基石，而认为产权是市场经济的基石，这是一个重大的理论上的突破。但是我们怎么样构建公有制基础上的产权关系，这个问题理论上还在探讨、实践中还在探索，至今还没有解决好。这就导致政府手中的大量国有资源，不完全是以市场的方式来出让，还是以行政性的方式在行使财产权利。行政权和财产权没有分开运行，两者纠缠不清，这就导致政府不由自主地总是在管理和调控经济中直接去配置资源，导致政府大量配置资源的现象难以消除。

这主要还是我们的产权制度没有构建起来，产权关系没有理顺。过去改革的经验，从农村改革到国企改革，其实都是产权改革，产权激励带来了明显效益。从法律的角度来看，产权就是财产权，属于民事权利。要搞市场经济，要塑造市场主体，其基本的条件就是拥有财产权，没有财产权不构成市场主体。要形成有效的市场竞争，其基本的条件也是有财产权。没有财产权怎么去参与市场竞争呢？到市场上去空手套白狼吗？所以财产权是作为一个市场主体，也是民事主体履行民事行为能力的一个基本条件。但是我国的产权关系在实践中并没有理顺，尤其当涉及国有资源和国有资产时，属于民事的财产权往往带有行政的色彩，无论是交易还是保护，都没有解决好。

三 法律上的所有权只是产权的一种形态，市场经济的基石是产权，而不是（公、私）所有权

现在虽然突破了两个教条，但政府怎样更好地发挥作用，市场

在资源配置中怎样发挥决定性作用，像这样的问题都得探索，从书本上、从其他国家的实践中都找不到答案。尤其是第二个问题，市场在资源配置中发挥决定性作用，它的基石是产权关系。产权关系跟所有权关系是不一样的，前者是在所有权中衍生出来的交易关系，跟资源配置直接相关，而后者是产权关系的母体，从生产经营过程中分离出来，仅以收益权来保证所有权在经济上的实现。从这点来看，应当不要拘泥公有制、私有制的所有权关系，而是要从产权来研究资源配置优化问题，通过经营权、承包权、转让权、租赁权、抵押权、股权、用益物权等产权形式来理顺各种产权关系，强化资源的流动和使用，而不是用所有权来约束经济的组织和资源的配置。

市场是一种自组织的机制，在市场的自组织过程中，资源要流动，才能优化配置。显然，这个过程强调的是使用权而不是所有权。而使用，并不需要以所有为前提。所有的原初含义是占有，若只是静态的占有，资源不可能变成资产，也不可能有增值，甚至会贬值带来财产损失。所以，市场经济的发展迫使传统所有权中的一些权能如使用权、经营权渐渐地让渡给其他市场主体，从而产生了所有权的社会化和结构化。这是市场机制演变内生出来的所有权异化，如股份制是对资本主义私有制的一种扬弃。通常所说的国有资产"坐失"，就是指因不能顺畅流动而导致资产贬值，甚至损失殆尽。不言而喻，公有制的所有权也需要社会化和结构化，如集体土地、公有土地都是如此。市场是以使用权为中心的，故必须是自由流动的，是平等交易，这样，资源就能被用到最需要的地方。资源不会闲置，利用有效，配置就有效率。所以，我们要从资源使用和有效配置来考虑所有制问题，不能抱着不合时宜的所有制观念，总是从所有权角度去考虑问题。

随着产权走向前台、所有权退隐后台，对所有权和所有制，对经济性质、分配关系的作用需要重新认识。从静态公平来看，所有权具有决定性作用；而从动态公平来看，产权的作用更为显著，所有权（无论是公还是私）反而成为障碍。既要追求公平，又要追求效率，实现两者融合，必须把经济制度构建的重心从所有权转移到产权上来。如果实现了这种转变，所谓国有、民营的鸿沟也就自然消除了。推动混改，发展混合所有制经济，实际上已经呈现出产权走向前台的这种新趋势。在产权的视野中，所有权主要体现为价值分享权，即收益权。保护产权，不只是保护所有权，而是要保护各种形态的产权，如经营权、承包权、用益物权等。

在新的发展阶段，所有制理论、产权理论、公与私理论迫切需要深入的研究探讨。以过时的公有化、私有化的老一套来看今天的发展已经明显不合时宜。只有进一步解放思想，抛弃历史包袱和西化羁绊，以创新思维与时俱进，我国发展的理论逻辑、实践逻辑、历史逻辑三个逻辑才能真正统一起来，才能真正推动改革全面深化，实现高质量的发展，朝着民族复兴和人民幸福的方向前进。

（作者单位：中国财政科学研究院）

更好发挥市场作用　加快建立现代化经济体系

黄泰岩

今天的主题是"改革和建立现代化经济体系",目的就是揭示两者之间的关系,也就是通过改革加快建设现代化经济体系。

我国进入强国时代,国家强,经济体系必须强。习近平总书记强调,建设现代化经济体系包括七个方面的内容:一是要建设创新引领、协同发展的产业体系;二是要建设统一开放、竞争有序的市场体系;三是要建设体现效率、促进公平的收入分配体系;四是要建设彰显优势、协调联动的城乡区域发展体系;五是要建设资源节约、环境友好的绿色发展体系;六是要建设多元平衡、安全高效的全面开放体系;七是要建设充分发挥市场作用、更好发挥政府作用的经济体制。这七个方面是具有内在联系、相互作用的一个有机整体。从改革与建立现代化经济体系相互关系的视角来看,建立现代化经济体系,就需要充分发挥市场作用和更好地发挥政府作用,也就是坚持不断地深化社会主义市场经济体制改革。

我仅从发挥市场作用的视角探讨改革对建立现代化经济体系的作用及其机制。这就是有效的市场机制能够推动经济发展的质量变革、效率变革和动力变革,推动建立现代化经济体系。

市场的作用主要体现在:一是推动经济发展质量变革。质量变革是满足人民日益增长的美好生活需要的基本要求,根据消费升级演进的一般规律,当一国人均 GDP 达到 8000 美元左右时,消费者开始从追求数量消费转向品质消费,中国消费者协会发布的《品质消费与消费者认知调查报告》显示,有51.7%的受访者认为品质消费最重要的是"质量"。这就需要把提高供给体系质量作为主攻方向,显著增强供给体系与消费升级的适应性。在统一开放的买方市场条件下,消费者的自主消费和"用脚投票"的市场选择机制,会倒逼企业适应品质消费需要,推进质量变革,争创名优品牌,完成决定企业命运的"惊险跳跃"。

二是推动经济发展效率变革。效率变革是我国赢得国际经济竞争主动权,进入世界舞台中央的必然要求,根据市场竞争的一般原理,市场竞争最根本的就是效率竞争,效率就是生命。在社会主义市场经济体制下,市场的"优胜劣汰"竞争机制会有效地激励企业技术进步,推动整体经济的技术效率变革;市场的"要素自由流动"机制会引导各种资源向优质产业、企业和产品集中,推动整体经济的资源配置效率变革;市场"看不见的手"与政府"看得见的手"的有机组合会形成强大的制度优势,推动整体经济的制度效率变革。技术效率、配置效率和制度效率变革,会有效地提高全要素生产率。

三是推动经济发展动力变革。动力变革是实施创新驱动发展战略,构建现代化经济体系的不二选择,根据习近平新时代中国特色社会主义经济思想,创新是高质量发展的强大动能,是第一动力。创新包括理论创新、技术创新、制度创新、文化创新和实践创新。在社会主义市场经济体制下,市场的消费者选择机制会引领企业技术创新和产品创新的方向,形成创新的需求导向;市场的有效资源配置机制会推动创新要素在全国和全球范围内自由流动,向创新领先者和创新高地集聚,不断地提升创新的效率和效益;市场的分配机制会激发创新者的创新活力,使一切创新源泉得以充分涌流。市场的共建共享机制会促进"产官学研用"的协同创新,形成社会的创新合力。

市场推动经济发展质量变革、效率变革、动力变革的充分必要条件是市场机制有效,这就需要推动统一开放、竞争有序的市场体系建设：第一，坚持和完善中国特色社会主义基本经济制度，坚持"两个毫不动摇"，加强产权保护，塑造有活力的多元微观市场主体，实现市场竞争充分；第二，坚持和完善"公平竞争"的市场法则，拆除不必要的垄断壁垒，特别是行政垄断壁垒，实现市场准入畅通；第三，坚持和完善"开放竞争"的市场法则，协调推进城乡市场和区域市场整体发展，形成全国统一大市场，协调推进国内市场和国际市场的整体发展，实现市场开放有序、商品和要素自由流动平等交换；第四，坚持和完善市场经济也是法治经济的市场法则，加强市场的法治建设和道德建设，形成调节市场运行的正式制度和非正式制度有机结合，实现市场秩序规范。

确保市场机制有效必须不断深化经济体制改革，打赢改革攻坚战：一是深化国有企业改革，特别是推进国有企业的混合所有制改革，形成多种经济成分融合发展的新格局，塑造新的适应社会主义市场经济的市场主体；二是深化价格形成机制改革，特别是要素价格形成机制改革，使价格的波动能够发挥优化资源配置的功能；三是深化政府管理体制改革，转换和界定政府职能，构建宏观调控有度的服务型政府，更好地发挥政府的作用。

不断深化经济体制改革，打赢改革攻坚战，就需要依据新时代的新特点、新要求进一步解放思想。改革开放40年来，我国两次大的解放思想运动对经济发展都发挥了巨大的推动作用。一是改革开放初期通过"姓资姓社"的大讨论，形成了社会主义初级阶段理论，构建了社会主义初级阶段的基本经济制度，从而始终坚持两个"毫不动摇"，为创造中国经济发展奇迹奠定了坚实的制度基础，成为今天我们总结改革开放的基本经验。二是在进入21世纪之初通过是否参与经济全球化的大讨论，坚定了我国不断扩大对外开放的基本国策，随着我国2001年加入WTO，带来了新一轮经济的大发展，我国迅速发展成为世界第二大经济体。

现在中国特色社会主义进入新时代，迎来了从富起来到强起来的伟大飞跃，需要跨越"中等收入陷阱"，面临转变发展方式、优化经济结构和新旧动力转换三大关口的挑战,这就需要我们继承和发扬解放思想的优良传统,全面深化改革,获取新时代改革的红利。

(作者单位:中央民族大学)

在建设现代经济体系中推动
大健康领域的发展

张车伟

在建立现代化经济体系当中，从劳动经济学的视角来看，就是推动大健康领域的发展。中央已经把大健康发展提上日程，大健康产业发展应该成为我国内需增长的重要来源。

中国的老龄化速度很快，老年人口也就是60岁以上的有2亿多人，65岁的有1亿多人。而且老年人还在以全世界最快的速度增长。所以与此相关带来很多和健康养老有关的现实需求。

如何推动大健康领域的发展，过去也做过一些调研。比如，我们国家在十几年前就提出要发展养老产业，但是到现在为止在产业推动上还是没有有效的途径或者有效的模式，让市场能够有效地推动健康产业的发展。

原因在什么地方？原因就在于我们可以看到老年人虽然有巨大的养老服务需求，但是老年人的收入水平还是比较低。他们用市场价格来购买需要的养老服务的时候是力不从心的。所以这个领域存在与一般产业发展不同的特点。在健康领域也是这样，我国有关的医疗健康的服务产品，也是出现购买力不足的情况。与此相对应的，大健康产业实际上是一种特殊产业，它不同于其他的产业活动比如说制造业产业活动。不过，大健康产业既然定位为产业，它的内核或者它的基本内涵，它的产业方向是什么呢？就是要以市场为主体，用市场的办法来推动它的发展——追求营利，或者说赚钱是它的一个基本特征。如果做不到营利，大健康产业发展就是一句空话。

更进一步地分析，它又不同于我们现在看到的传统意义上的产业。在这个领域当中存在着很多市场失败，无法完全靠市场。比如健康和养老，就无法完全推给市场，用市场化办法解决所有问题。从养老问题来看，我们就很难看到那些纯做养老服务的企业能赚钱。那是因为在这里面有市场失败。完全靠市场，大健康产业的发展很难，就是存在很多失败的领域，因为很多健康需求的满足在某种程度上有政府的责任在里面。因此，大健康产业发展具有某种公益性，也就是说大健康产业发展中有着很多基本的政府公共服务和服务产品。这样，大健康产业的属性就兼具了产业性和公益性。大健康产业的边界实际上不仅仅是市场，还包括政府的作用，需要政府和市场协同作用才能推动产业的发展。因此大健康产业是一种具有半公益性的产业活动。从这个意义上讲，我们推动其产业发展的时候，路径和政策方向就清楚了。需要政府和市场协调，政府起到引领作用，但配置资源的主体应该是市场，要用市场化手段来配置资源。

通过对大健康产业的深入研究，我们认为大健康产业和生态环境的改善有很大关系，大的生态环境也应该是大健康领域的一部分。因此，我们将大健康产业定义为：以优美的生态环境为基础，以健康产品的制造业为支撑，以健康服务产品的提供为核心的、多产业融合的全产业链经济活动。基于这样的定义，按照国家国民经济核算体系分类，2016年我国大健康产业占全国GDP比重为10%左右。这和发达国家相比仍有不小的差距，例如美国已经超过30%，而且美国的统计口径还没有我们的大。欧洲大健康产业占GDP比重也在20%以上。所以在这个领域，我国还有非常大的发展空间。大健康产业发展是满足老百姓对美好生活向往需求的重要内容，推动大健康产业发展，任重而道远。大健康产业巨大的市场需求一定会成为今后经济增长转型升级的重要动力。

（作者单位：中国社会科学院人口与劳动经济研究所）

改革开放的突破口及启示

郭克莎

很高兴参加这次大型研讨会。

利用给我的时间我也讲一点看法。刚才高培勇副院长说，现在各方面都在总结改革开放40年，首先是总结经济社会的变化，然后总结经济发展的经验，他提出还应该总结一下规律。我觉得现在总结规律可能还没到时候，还缺乏条件。我觉得还有一个方面是重要的，就是从总结经验中获得新的启示，因为我们的改革开放还远没有完成，还要继续往前推，进一步深化，从经验中获得启示，对于接下来的改革开放应该是很有意义的。

我们这代人是从改革开放走过来的，改革从一开始就面临选择突破口的问题。第一个改革突破口选对了，就是农村承包制，一下子把农业、农村搞活了。到了1984年农业问题基本上解决了，农业获得大丰收。接着改革从农村转向了城市。城市改革的第一个选择也选对了，选择工业领域作为改革开放的突破口。工业管理体制的改革，带动了计划指标、价格体制、流通体制、物质分配等方面的改革，带动了对外贸易和利用外资，促进了国内商品经济的发展。当时还只是提发展商品经济，而不是发展市场经济，还没有上升到市场化改革的高度。同时，工业领域的商品化改革也带动了市场主体的多元化，很重要的一个方面，就是带动了非公有制经济的发展。一开始是发展非国有经济，因为一开始也发展集体经济，乡镇企业发展起来了，非国有经济获得了蓬勃发展。这是非常成功的，因此有了20世纪80年代中后期经济的较快发展。但是，有一个突破口选错了，就是 1988 年的价格改革攻关。本来工业改革带动价格双轨制改革，对搞活市场既有作用也出了一些问题，但是在价格改革上急于求成，搞攻关、搞突破，导致了严重通货膨胀。加上当时的其他一些问题，经济出现了较大波动，改革开放被迫进入两三年低谷期。

1992 年邓小平同志"南方谈话"又掀起了一个改革开放高潮，确立了发展社会主义市场经济这个基本框架。为了协调中央与地方的关系，1994 年选择了一个改革突破口，是应该肯定的，就是分税制改革。确定中央与地方基本分配关系的分税制改革，培育了一个新的市场主体，就是具有中国特色的地方政府这个市场主体，其对推动工业化起了很大作用。选择工业领域作为改革突破口之所以是对的，因为它有利于推动工业化的进程。随后，1998 年我国经济在东南亚金融危机的影响下，出现了需求不足的矛盾，中央启动了住房制度改革，这个改革突破口的选择也是正确的。加上 2001 年我国加入 WTO，大范围扩大对外开放，能够更好地利用两个市场、两种资源。随着商品房市场的迅速起步和对外贸易的高速发展，带动了新一轮需求扩张和经济快速增长。

这些改革开放的节点总结起来，就是突破口的带动作用很重要。我初步思考，这个突破口的选择需要具备两个条件：第一，选择严重制约经济发展的领域。通过改革激发这个方面的发展，带动整个经济的发展。农村改革和工业改革的带动性都是这样。第二，它必须同时具有多方面的带动作用。除了它是一个严重制约经济发展的因素之外，它还要有尽可能多和强的带动作用。比如，一是它能迅速激发当时经济的活力和动力，必须马上带动经济发展，才能够得到市场的拥护，得到人民群众的支持。二是它要能带动改革开放向前推进。比如工业改革，它导致市场化改革的开始，即计划经济体制的改变，并带动一连串、一系列的改革开放。这里有一个相当重要的问题，就是在促进微观经济搞活的过程中，带动了国有企业的改革，带动了民营经济的发展。

回顾这些历史，总结这些经验，我们能得到什么启示呢？就是我们需要研究新一轮深化改革的突破口，以此带动新时代的改革开放进程。大家知道党的十八届三中全会描绘了全面深化改革的蓝图，时间已经过了几年，现在仍然要选好新的突破口。突破口在哪里？比如金融改革、财税改革、国企改革、土地改革，我想来想去，根据前面总结的选择改革突破口的条件，当前的改革突破口应该选在金融改革上。因为现在金融部门和实体经济的矛盾太突出了。金融部门不断扩张，资本脱实向虚，实体经济扛不住，特别是民营中小微企业生存已经很困难了，实体企业的发展受到了金融部门的很大制约。民营中小微企业受到金融机构的两头挤压很突出。现在一些地方政府对中小微企业征收税费，却对大企业给予关爱支持。在经济下行的条件下，民营企业的日子很不好过。我认为如果找不到改革的突破口，深化改革开放就难以有效展开。如果找到合适的办法和路径深化金融改革，同时能调节引导好地方政府的行为，使金融机构、地方政府都能更好地服务实体经济特别是中小微企业，我们就能促进经济稳中向好，推动高质量发展。

（作者单位：华侨大学经济与金融学院）

新时代改革共识的核心问题:塑造一个什么样的市场经济社会?

杨春学

在讨论改革开放的经验和教训中,有一种声音,强调要重新凝聚新时代的改革共识。这种呼吁的背景是:随着改革的深化,许多改革措施不再具有"帕累托改进"的性质,对具体改革的分歧也扩大到一般民众之中。这与改革的某些失误有直接的关系。例如,"摸着石头过河"的思想鼓励人们大胆去试,不要怕犯错误,结果,一方面创造出各种改革经验,另一方面造成经济生活的高度非规范化,形成各种"灰色地带"。再如,征地活动中的强制性行为(甚至充斥着暴力行为),让农民认为利益受到损害。此类事实让相当一部分人认为自己并没有从改革中获得好处或者获得足够的好处,让一部分人对这类改革持有负面的看法。一个良好的社会是不可能让这种状态长期存在下去的。

这就给我们提出了一个崭新的、带有系统性的根本性问题:我们要塑造一个什么样的市场经济社会?我认为,这是重新凝聚改革共识所要解决的核心问题。如何重新凝聚这种改革的共识?只能通过认真总结改革的经验特别是反思改革的教训来获取。因此,时值改革开放40年之际,我们既要总结经验,又要审视教训。关于改革开放的经验,已经有众多的讨论。我把这种基本经验总结为四条:一是解放思想,突破意识形态的藩篱;二是稳定优先,控制改革的社会政治风险;三是渐近式改革,寻找符合国情的体制;四是"摸着石头过河",发挥民众和基层在具体制度安排设计中的智慧。在这里，我想重点谈一谈自己对改革教训的思考。

在此之前，我们可以思考一下各类市场经济模式。在某些人的心目中，美国的市场经济形态是典型代表，似乎是所有国家学习的样本。其实不然。以欧美社会来说，就存在着各种类型的市场社会形态，例如北欧模式、莱茵河模式、盎格鲁－撒克逊模式等。美国只是盎格鲁－撒克逊模式中的一种。虽然这些模式有着市场经济的共同特性，但是，每一种类型都是基于各自的历史文明和国情的选择，差异集中体现在公共政策的理念和制度安排领域，也都存在自身的优缺点。就中国而言，我们会塑造出一个什么样的市场经济社会，将取决于下述三大领域的改革程度。

第一是经济领域的市场化程度问题。

习总书记有言，"理论和实践都证明，市场配置资源是最有效率的形式"。我们的市场体制距离"最有效率的"市场形态还有很长的路要走。

问题主要在于：商品和要素这两类市场中的价格市场化程度是不匹配的。一般商品价格的市场化程度已达到90%以上，但是，在要素市场（金融、土地、劳动）中，市场化程度远远低于这一比例。劳动力市场表面上市场化程度很高，其实，仍然受制于户籍制度。基于20世纪80年代的整体改革进程，"价格双轨制"是当时的最优选择。但是，时至今日，这种双轨制的弊端暴露无遗。在这种情况下，价格怎么可能充分发挥引导资源走向最有效率的配置的功能呢？有些场合甚至更糟，只会带来畸形的市场。股票市场、民间高利贷市场、房地产市场的表现就是这方面的典型案例。

这些案例表明，仅仅用供求关系来讨论价格问题，是不够的，我们要探讨更根本性的问题：哪些制度在支配或塑造着市场上的供给和需求的力量？这类制度安排就是影响市场交易及其发展的各种规则，包括法规、政策和行为规范（即道德观）等。正是这些制度安排为市场参与者的具体行为提供了激励和约束的制度框架。市场给我们带来什么样的结果，取决于这种制度框架。

第二是在社会领域中公共政策的公正性问题。

早在1992年，邓小平同志就指出："社会主义的本质，是解放生产力，发展生产力，消灭剥削，消除两极分化，最终达到共同富裕。"事实证明，改革在防止"两极分化"的方面出现了偏差。

事实之一：根据国家统计局公布的数据，收入的基尼系数在2008年创下最高值，为0.491，此后持续下滑，2017年为0.467。这种收入基尼系数远高于大多数OECD国家，与我们经常拿来谈论的美国相差无几。另外，根据北京大学中国社会科学调查中心发布的《中国民生发展报告2014》，中国的财产不平等程度在迅速升高：1995年我国财产的基尼系数为0.45，2002年为0.55，2012年我国家庭净财产的基尼系数达到0.73，顶端1%的家庭占有全国1/3以上的财产，底端25%的家庭拥有的财产总量仅在1%左右。

事实之二：比基尼系数所显示的更残酷的事实是，社会福利和公共政策领域中制度安排的双轨制，甚至"多轨制"问题，即针对不同的人群设计不同的制度。包括最基本的民生领域，例如，医疗、养老、教育，甚至住房等。这原本是为了减少改革的阻力而设计的过渡性制度安排，现在却固定成为一种常态，正在造成社会的分裂。

在某种意义或程度上，这些现象是体制改革的必然产物。但是，其中是否也存在着非必然的因素？例如，国企改革这样一个涉及重大利益关系调整的改革，原本需要通过自上而下以立法形式来推动，且充分考虑到下岗者的基本利益问题。但是，在改革的过程中，几千万工人下岗，随之，医疗等社会保障在一夜之间失去或被削减。这些都是我们应该认真检讨的问题。我们必须承认存在"社会分裂"的事实，承认不同社会阶层的公平观存在冲突的事实。当然，政府也在调整政策，力图弥合社会分裂的趋势和不同公平观的冲突。

我认为，有必要重新强调"和谐社会"的基本理念，即社会的公平与正义。对于这种理念，中华文明有自己独特的理解。那就是古代名言："大道之行也，天下为公，选贤与能，讲信修睦。故人不独亲其亲，不独子其子，使老有所终，壮有所用，幼有所长，矜、寡、孤、独、废疾者皆有所养"。当然，这只能算作是一种朴素的智慧格言，还需要我们基于现代社会的国情而给予补充和理论化。

我非常欣赏"二战"后联邦德国"社会市场经济"体制的理念。之所以强调"社会"这一修饰词，意在表达市场经济必须与社会均衡有机地结合在一起。"社会均衡"就是要在社会和公共政策领域中实现公平，达成社会和解。

第三是政府领域中的治理机制问题。

习近平总书记有言，"更好地发挥政府作用"。这蕴含着对政府行为的反思。上述两个领域存在的问题背后都有政府之手：该干什么，不该干什么？这是我想强调的另一个层面的问题——政府治理机制。也就是说，即使是政府应当行动的领域，也存在一个"如何干好"的问题。

为什么特意提出这个问题呢？想一想：我们为什么有那么多的专项整治行动？从这类案例中，暴露出两个具体的重要问题。一是政府治理存在根本性的严重缺陷，以至于隔一段时间，就只能用"专项治理"这样的方式来纠正积累的问题。二是在这种治理行动中，政府可以否定原来的承诺。这是对契约精神最严重的破坏。

这就涉及如何改革政府治理结构的问题。中国政府的治理模式有两个基本特征。一是逐级分权治理。中央政府通过"条条"渠道收放控制权力。二是同级"块块"分权治理。同级的各个职能部门之间不存在隶属关系，但在业务上存在着大量的交叉或模糊地带。这就给彼此的协调带来极大的困难。专项整治行动是纠正这种协调失灵的一种形式。

（作者单位：首都经济贸易大学经济学院）

从统计视角看新经济对提高经济增长质量和效益的拉动

许宪春

最近我带队到六省市的 18 家新经济企业进行了调研，我把调研的情况向大家作简要汇报。

政府统计数据表明，2018 年，在传统经济下行压力较大的情况下，新经济保持了快速增长。一是高技术产业保持快速增长。上半年，高技术制造业增加值增长 11.6%，高于规模以上工业增加值增速 4.9 个百分点；高技术服务业营业收入增长 14.8%，高于规模以上服务业营业收入增速 2.1 个百分点。二是战略性新兴产业保持快速增长。上半年，工业中的战略性新兴产业增加值增长 8.7%，高于规模以上工业增加值增速 2 个百分点；战略性新兴服务业营业收入增长 16.7%，高于规模以上服务业营业收入增速 4 个百分点。三是新产品保持快速增长。上半年，新能源汽车产量增长 88.1%，工业机器人产量增长 23.9%，集成电路产量增长 15.0%，这些新产品产量增速远超传统产品。四是网上零售额保持快速增长。上半年，全国网上零售额增长 30.1%，其中，实物商品网上零售额增长 29.8%，非实物商品网上零售额增长 30.9%。新经济的快速成长对于对冲传统经济的下行压力、优化经济结构、提高经济增长质量和效益起到了重要作用。可以预期，新经济对未来中国经济发展将产生更加重要的推动作用。

新经济的快速成长，也在很多领域改变着人们的生活方式，方便了人们的生活。微信在很大程度上改变了人与人之间的通信方式，极大地方便了交流与沟通，大幅度提高了人们获取信息的能力；微信支付、支付宝等新型支付方式在很大程度上改变了传统的现金支付方式；共享单车成为许多城市居民短途出行的重要交通工具，成为连接公交车、地铁的重要纽带，改变和方便了人们的出行方式。可以预期，新经济将在更多的领域对人们的未来生活方式产生重要的影响。

新经济的快速成长给政府统计带来严峻挑战。例如，互联网提供了大量的免费或者廉价的服务，包括信息服务、通信服务、电影服务、音乐服务等，这种服务的生产和消费都是客观存在的，但由于是免费的或者是廉价的，从而这种服务的生产以及居民关于这些服务的消费被忽略或者被严重低估。

创新和技术进步导致相当一部分产品，尤其是电子类产品，功能不断增强，质量不断提升，但价格却不断下降。以手机为例，当今的一部手机与10年前同类手机相比功能强大了许多，质量提升了许多，但价格却比10年前下降了许多。随着创新能力的不断提高和技术的不断进步，这类产品越来越多。产品功能的增强和质量的提升属于产品的物量增长，在价格指数的编制中，如何准确地度量这种产品功能的增强和质量的提升，从而客观地反映出真实的价格变化，是一个重要的挑战。由于现行的不变价GDP核算以价格指数缩减法为主，在价格指数的编制中，如果不能准确地度量这种产品功能的增强和质量的提升，客观地反映出真实的价格变化，那么不变价GDP核算也就难以体现出创新和技术进步对经济增长的贡献。

新经济，特别是以互联网为核心的新经济，它创造了一种新的资产，即数据资产。我们通过对新经济企业的调研深刻地体会到，数据资产对企业的生产经营起着非常重要的作用。但是现行统计还没有把数据资产作为固定资产处理，因此没有体现出它对经济增长的贡献。

为了解决这些问题，清华大学中国经济社会数据研究中心成立了一个课题组，对新经济统计问题进行研究，试图为政府统计改革和发展提供一些有价值的建议，推动政府统计客观地反映出新经济的发展，使之更好地服务于宏观经济决策，推动新经济持续健康发展。为了做好这个课题，我们调研了广东、上海、江苏、四川、贵州、陕西六省市的18家新经济企业。我们正在对这次调研活动进行总结，还没有定稿。但我们有了一些初步的体会。

第一个体会，新经济企业在快速成长。我们知道，上半年固定资产投资名义增长6%，1—7月增长5.5%，1—8月增长5.2%，上半年固定资产投资价格上涨5.2%，显然，剔除价格因素之后的实际固定资产投资接近于零增长；对外货物贸易顺差的降幅在扩大。在经济下行压力比较大的情况下，我们看到，我们所调研的若干家新经济企业正在快速成长，刚刚成立几年，营业收入就达到几亿元，甚至几十亿元。

第二个体会，新经济企业表现出许多新的特征。首先，新经济企业充满活力。新经济企业虽然所处行业不同，所在地区迥异，但都充满着活力并且极富变革精神。这些企业的员工平均年龄低、学历水平高、学习能力强、适应行业变革和新的市场形势的能力强；充分利用网络经济的效应，积极了解市场，与市场互动；在创投和风投的支持下，在较短的时间内迅速扩大业务规模，实现区域扩张，业务内容往往丰富而且精细。其次，大数据、云计算和人工智能等通用数字化技术构成企业核心基础设施。最后，新经济企业创造出大量的新型资产——数据资产，这种资产在企业的生产经营中发挥了越来越重要的作用。

第三个体会，新经济在高质量发展中正在发挥着积极作用。一是降低了成本，提高了效率。以我们调研的新网银行为例，它通过大数据了解借款人的征信情况，平均40秒钟就可以完成对客户的贷款，而传统银行平均需要7个小时；它每笔贷款的平均成本约20元，传统银行每笔贷款的平均成本约1000元。二是降低了资源消耗，减少了碳排放。以"货车帮"为例，它把车主和货主信息匹配起来，让货主在尽可能短的时间内找到车主，减少了库存时间，降低了库存成本，提高了周转效率；让车主在尽可能短的时间内找到货主，节省了找货时间，也节省了空驶时间，降低了能耗，减少了碳排放。

最后一个体会，新经济企业的发展也面临着一些困难和挑战。例如，新经济企业面临着人才竞争的巨大压力，政策上的相互掣肘、核心技术的研发和储备不足，等等。我们正在对这次新经济企业调研活动进行系统的梳理，试图把这些新经济企业的特征、在高质量发展中的作用、遇到的困难和挑战总结出来，在此基础上提出相应的政策建议，供宏观经济管理部门参考，以促进新经济持续健康发展。

（作者单位：清华大学中国经济社会数据研究中心）

高质量的发展需要高质量的制度来保证

杨瑞龙

对经济高质量发展我有几个观点：

第一，实现经济增长动能的转换是实现高质量发展的关键。2008年以来，特别是2010年以来我国经济面临下行态势，大家很紧张。其实我们找了很多国际上不同国家的发展数据后发现，从低收入向高收入转变的过程中大多数国家都经历了增速放缓。所以经济增长放缓并不是让人奇怪的事情。但是为什么在这个过程中有的国家最终走向了现代化，有的国家陷入泥淖？我们发现，凡是成功走向现代化国家的都有一个共同的特点，就是全要素生产率提高。如果全要素生产率保持良好的上升态势，通常会维持一个比较好的发展态势。如果全要素生产率进入持续下滑的过程中，它将陷入中等收入陷阱。怎么样提高全要素生产率？非常重要的一点，就是增长模式的转换和增长动能的转换。

第二，以改革为突破口来培育和激发新的经济增长动能。应当说我们对未来中国经济增长是不需要太悲观的。虽然我们传统经济增长要素有所衰竭，但是我们也有很多可挖掘的新的增长动能，比如我们从技术模仿走向技术创新，从传统工业化走向现代新型工业化，从政府主导型经济走向市场主导型经济，从外需拉动走向内需或者消费拉动，从改革红利到结构性改革红利，等等。如果我们把增长动能挖掘出来，中国继续维持中高速增长是完全可能的，但这需要进一步推进改革开放。当前中国提出两个非常重要的抓手，一个创新驱动发展，另一个是供给侧结构性改革。这两大战略实际上对于增长方式转变非常关键。但是这两大战略的实施，没有改革是不可能成功的。创新驱动发展，如果认为创新就只是技术创新，这是错的。创新驱动发展根本是制度创新，没有制度创新做保障，技术创新就缺乏动力。即使我们回过头来看，中国在一些高科技企业里投入也不少，但是由于种种体制上的因素我们没有培育出大量原创性并在国际上领先的高科技，一个"中兴事件"就现了原形。

第三，供给侧结构性改革也是转换增长动能的一个非常重要的抓手，但是供给侧结构性改革与改革也是深度联系的。因为，无论结构转型还是产业升级背后都需要改革的促进作用。经济结构背后是利益结构，利益结构背后是体制结构，体制结构背后是增长模式。所以没有增长模式转型和体制转型，实际上由于利益结构有刚性，经济结构是调不动的。在利益结构刚性的情况下，改革只能通过政府来调整。但是用行政手段调结构，常常是"按下葫芦浮起瓢"，这是我们过去惨痛的教训。过去为什么结构调整总是效果不好呢？因为我们总是用这种模式调整。所以没有改革就不可能有创新驱动发展和供给侧结构性改革落地。没有这两大战略的落地，增长动能就转换不了，增长动能转换不了高质量增长就是一句空话。所以从这个意义上说没有改革就没有高质量发展。

第四，重塑改革动力机制及深化市场取向是改革的关键。上面所说的道理其实很简单的，中央发布的文件对改革的部署还是比较全面的，但是为什么改革总是说得多做得少呢？根本原因是，改革缺少动力机制。换句话说，过去30多年，改革者是有好的回报的，但是现在是不是有好的回报可能要打个问号，或者说改革成本太大了。所以这导致了目前地方政府官员和国有企业领导人的懒政、庸政现象是比较明显的。例如，2015年关于国有企业改革，中央至少制定了十几个文件，这十几个文件我觉得哪怕有三分之一落地，现在可能都不是这样的格局。但是好多文件里改革部署落不了地，因为有些国有企业领导人害怕被戴上国有资产流失的帽子，所以等一等，看一看。地方政府官员在改革上不敢"第一个吃螃蟹"，怕有人给打小报告；做了很多事情，只要被人抓到"小辫子"就可能被免职了。因此，高质量发展需要高质量制度来保障。

（作者单位：中国人民大学经济学院）

民营经济与高质量发展的
内在关系

罗卫东

我针对这次的主题主要讲一个观点：现在的经济学研究，对宏观的或者结构的、体系的关注较充分，但对企业家的关心是不够的。我们国家改革开放40年当中，从浙江的角度来讲，最成功的经验就是有一批民营企业家的崛起，我们看到在改革初期浙江一些典范性人物，像鲁冠球、宗庆后，现在有马云、李书福，这些人伴随着整个浙江经济质量提高、均衡地发展。目前看来，政府在对企业家的成长环境和制度环境的关心等方面，似乎越来越强势，企业家早期跟政府的政商关系，应该说还有些机动和弹性的管理，而现在这个关系非常脆弱，这是我们非常担忧的事情。

尤其前面几位讲到的民营经济和民营实体经济这两个概念，民营实体经济在现在的政策环境、舆论环境、思想观念环境当中处境比较艰难。没有企业家就没有价格，所以市场经济应该就是企业家经济。只有把企业跟企业家这两者的关系认真地想通了，再结合中国改革开放早期的经验，才能实现经济的发展和未来的再发展，才能突破中等收入陷阱，实现更高水平的发展。这个过程必须有企业家的队伍。马云的创新带来整个商业形态的变化、李书福对一个企业的影响、任正非带领整个通信行业给经济带来的变化等是无法想象的。现在宏观经济表现出来的都是表象，它真正的发展主体就是在这些企业家们所创造的经济世界中，在他们日常追求利益这条线中，在他们不断搜索各种创业机会、寻求创新中推动产业升级。我们认为政府推动经济的转型升级，离不开企业家。希望中国在经济发展过程中能进一步重视微观主体。

（作者单位：浙江大学）

国际经济秩序与中国的应对
——中美贸易战所引发的思考

佟家栋

自唐纳德·特朗普执政以来，美国在民粹主义的推动下，实施了所谓的对等贸易原则。由此，美国先后对加拿大、墨西哥、欧盟、日本和印度实施贸易压制，强迫这些国家和地区开放市场，平衡与美国的贸易收支顺差。更对战略竞争者——俄罗斯展开多轮制裁，与中国的贸易战不断升级，展开了有史以来最大规模的贸易战。这种以追求对等贸易为准则的行为，意味着美国放弃了贸易自由化倡导者和国际贸易秩序维护者的角色，逐步回到与别国平等国际贸易的伙伴国的地位。这意味着，全球贸易秩序，甚至经济秩序将逐步脱离美国霸权，展开新一轮的国际贸易关系乃至国际经济秩序的调整。

一 国际经济环境的变化与挑战

2018年3月开始，美国总统特朗普在"美国优先"的口号下，争取要回美国"损失"的利益，在对等贸易原则之下，要求加拿大、墨西哥、欧盟、日本、韩国、印度、俄罗斯和中国消除与美国的贸易逆差，以对特定产品（钢材与铝制品）征收25%和10%的关税相威胁并在部分国家付诸实施。一些国家被迫签订了"改善贸易关系"的协议。欧盟、日本尽管签订了贸易自由的协议，但是在具体商品的出口上，仍然遭到美国进口关税的惩罚。俄罗斯受到美国的制裁。美国还与中国展开了多轮的贸易大战。

由美国发动的逆经济全球化行动，破坏了第二次世界大战以来逐步走向自由化的贸易环境，使世界经济的增长或发展呈现出高度的不确定性。

美国发动针对全球的贸易战不是偶然的，它是美国民粹主义发展到一定程度的反映。自20世纪90年代以来，全球比较自由的贸易环境和相对稳定的经济发展环境，推动了经济全球化高潮的到来。全球化背景下不同生产要素流动性的巨大差异，使资本所有者获取了大量的利润，而劳动力所有者在资本和生产过程移向国外以后，失去了就业机会，从而失去了收入提高，甚至收入稳定的机会，形成了不同要素所有者经济全球化利益分配的高度不平衡，进而导致民粹主义的盛行，并在投票中支持逆全球化。特朗普是这一意愿的典型代表。由此，将美国由推动贸易自由化和多边贸易秩序的维护者转变为高度的单边主义倡导者，强力推行"对等贸易"而不论各国的经济结构如何，不论美国在经济全球化的分工地位和经济结构如何。美国在经历了保护主义、自由贸易、公平贸易之后，转为对等贸易。而对等贸易是早期重商主义的出发点。

世界面临的挑战是，引领世界贸易自由化秩序的国家成为反对贸易自由化的带头人，并利用自身的逆差国地位，强行要求各顺差国调整顺差，而不顾顺差国是否有对特定产品的需求和逆差国是否有特定产品的供给。根本上否定了市场经济的自由买卖和自由竞争的原则，使国际贸易的单纯经济合作与交往，转变为政治经济学的所谓价值判断。

按照这样的标准，美国不再是自由贸易的倡导者。然而，经济全球化，各国之间的经济联系已经深度发展，全球价值链已经将各国的生产过程（包括美国的跨国公司）联系在一起，因此，在美国调整了自己的贸易政策和贸易准则，进而调整全球贸易定位的情况下，各国需要相应调整对外贸易关系。

二 美国输赢的辩证关系

特朗普执政以来，其执政团队有一个非常重要的观点：对美国而言，打贸易战很容易赢。根据该团队的观点，美国是双边贸易的逆差国，和任何国家打贸易战都会因为贸易报复的筹码不如美国多而让步。因此，和任何国家打贸易战都会以别国被迫让步为结果。实际结果部分验证了该团队判断的准确性。如，韩国被迫做出让步，墨西哥被迫做出让步。但是，欧盟、日本、俄罗斯、中国都相继采取了报复行动，推高了美国企业和消费者的成本或价格，使特朗普团队认为的"很容易赢的"贸易战迟迟没有结束。

从长期看，美国利用这种贸易收支逆差，从而被别国依赖的地位，要挟别国被迫调整贸易收支的行为，严重损害甚至失去了自身在市场经济中的领导者形象和地位。从而推动各国探讨没有美国领导的全球自由贸易环境，或多边合作秩序的调整和重建。其方向是明确的，即全球自由贸易秩序，经济全球化的可持续发展，不能建立在一个国家单一逆差或单一货币作为国际结算货币的基础之上，否则，早晚会出现该国家的强行"对等贸易"。

美国没有想到的是，以"美国优先""让美国再次伟大"的追求，导致美国领导地位的逐步丧失，并将自己引向一个普通贸易对等国家的境地。

首先，追求对等贸易就意味着，双边贸易必须以短期贸易收支平衡为基础，不存在一国对另一国市场的偏向依赖，相互依赖成为两国相互贸易的基本结构。这种贸易关系是典型的以物易物贸易的现代表现。

其次，主张对等贸易就意味着，该国货币不可能通过贸易逆差的方式将本国货币释放到各参加贸易的国家，并作为支付手段和储备手段，从而作为国际货币。实际上，自布雷顿森林体系建立以来，美国长期存在的贸易收支逆差，就是靠美元这一特殊的国际货币所弥补。但是，特朗普政府不顾历史上，乃至今天美国长期贸易收支逆差靠印发美元弥补的事实，单纯谈论有形产品贸易的不平衡，显然是有问题的。现在美国倡导对等贸易，无疑放弃贸易收支逆差，从而依靠国际储备货币平衡贸易乃至国际收支的合法性。这意味着，美国在奉行贸易收支平衡的同时,也要相应放弃美元的特殊地位。

因此,美国奉行对等贸易的长期影响是,鼓励当今世界,要尽快建立起没有美国主导的世界贸易秩序;要尽快建立以一篮子货币为基础的国际货币,改变一国货币独霸天下的非稳定结构,消除单一主导国家贸易原则调整给整个世界贸易秩序带来的不确定性。一些专家认为,美国还是希望建立一个以美国利益优先的国际贸易秩序,但是那种国际贸易秩序是不可能被其他国家所接受的。

三 向相对稳定的国际贸易体系过渡

特朗普发动的由贸易自由化向对等贸易准则转变的战略,启动了国际贸易秩序由不确定性向相对稳定性,乃至国际金融秩序的过渡。

首先,这种过渡是国际贸易结构反映各国的产业结构,是各国在国际分工中的地位及其调整。按照国际贸易的基本理论,各国贸易结构和地位是由各国比较优势决定的,这种比较优势的累积性变化或结构性变化,决定于各国的技术进步速度和要素累积的速度差异。因此,贸易收支的不平衡要在竞争中形成和调整。

其次,要建立一个有形产品贸易和无形产品贸易利益都能受到保护的国际贸易规则和贸易制度体系;要充分考虑到国际贸易与国际投资的相互联系。否则,这个多边贸易组织就只是一部分贸易参加国的组织。一个多边贸易组织要存在并发展,必须能够保护所有成员国正当的贸易利益,否则,这个国际贸易组织是不可持续的。因此改革现行多边贸易体系,不仅是美国发动的贸易战所致,更多的是它已经严重地缺失对贸易参加国利益的包容性。

再次,改革国际货币体系,脱离美元体系,建立新的国际货币体系,以此消除必须依靠一国贸易收支逆差,甚至国际收支逆差才能保证国际货币的充足供应的局面。否则,就会发生支付手段荒,或支付手段灾。今天讨论或启动这样的探索特别具有现实意义。

最后，在全球性国际经济秩序尚未建立起来之时，替代美国一统天下秩序的是区域经济一体化的发展，或双边自由贸易协定的签署。今后一段时间，这种地区的、少数国家的一体化将继续发挥区域贸易自由化的作用。

四 中国的对策

在全球贸易秩序大调整中，中国受到的冲击可能是最大的。一方面，我们要不屈服于外部压力，沿着发展中国家正确的发展道路前进。另一方面，我们也要认真思考，面对全球贸易及国际贸易规则的重建，应该深化改革和开放，跟上世界经济形势的变化，遵守国际通行规则，深化市场经济改革，在市场竞争中探索创新科技的动力和压力机制，处理好市场与政府干预之间的关系，为新的国际经济秩序的建立做出贡献。

（作者单位：南开大学经济学院）

经济增长速度和结构变化如何促进经济高质量发展

黄少安

通过对50—60年的统计数据分析，发现一个规律，就是所有的发达国家，从它成为发达国家那一天开始，常态的经济增长率稳定在3%左右。为什么是3%左右？增长的动力结构，消费增长大概贡献70%以上，贡献2%左右的增长率；投资增长贡献20%多，大概能贡献0.7%的增长率；出口基本上等于零。加起来是2%多。当然还有0.3%的增长率，用"三驾马车"理论是解释不了的。我们猜想应该是TFP，就是全要素生产率所贡献的。关于经济增长速度和结构变动问题，张平研究员他们做经济结构转型研究的时候也提到过。

为什么说是3%左右的增长率？为什么是上述的动力结构？我们试图解释，因为发达国家已经完成了工业化过程，所以它的投资贡献率一定会下来。因为它是发达国家，它的消费贡献率一定很大。因为消费贡献是由收入决定的，发达国家居民收入增加，收入的增长刚好吻合消费增长的贡献。

我们还得回答，为什么发达国家收入能够稳定增长，从而支撑它的消费增长？考虑三个维度：第一，它处于产业链高端，它能赚更多的钱。第二，价值链，就是它的产品价格高、能赚更多的钱。第三，发达国家大量从发展中国家进口廉价的、质量又非常好的产品，尤其是中低档的消费品。实际上等于增加了本国居民收入。因为它廉价，而且质量好，所以这个是可以解释的。我们这个研究有什么意义呢？我们发现成为发达国家后，增长率稳定在3%左右波动，如果发生经济危机也是下降3%左右。一旦危机过后马上又恢复到3%左右。但是发展中国家的经济增长，不同国家之间差异很大。同一个国家在它发展的不同阶段也是波动的，所以它不稳定。我们发现这个规律可以用来思考中国现阶段的问题，中国处于经济发展的新阶段、新时代、新常态，到底我们处于什么发展阶段呢？中国现在GDP增长率处于低谷，6.5%左右。实际上这个增长率不算低。现在大家努力扩大消费、提高消费增长的贡献率，都在批评我们投资的增长率对GDP增长贡献率太多。我觉得现在有这样一个基本判断：中国现在绝大多数地区处于工业化和城市化的中期，尤其广大的农村地区和中西部地区远远没有完成工业化和城市化。所以大家想想，我们未来的经济增长的贡献主要靠什么？虽然我们的消费不断增长，对GDP增长的贡献率会不断提高，但是我们不可能像发达国家一样，消费贡献率达到70%以上，常态化65%左右都很难达到，最近几年是因为投资减少造成了消费增长的贡献率占比相对提高，但这不是常态。

未来一段时间内，中国的GDP增长当中投资增长仍然是主要的贡献者，这是由中国的发展阶段决定的。应该批评的不是投资增长的贡献率，而是投资结构，谁来投、投在哪？现在是政府和国有企业投太多，民营企业投太少。我国现在还有一种观点，主张让大家多生孩子，靠人口来刺激消费，这可能有点不太合适。所以我觉得还是回到中国的现实，我们到底处在什么阶段？我们经济增长的动力结构应该是什么？这是留给我们思考的问题。

（作者单位：山东大学经济研究院）

内外双向开放才能利用好国际资源

张 平

第一，按全国各类统计，全球后发国家受到外部冲击以后，基本的统计共识是，不可贸易部门的比例，不论是产值比例，还是就业比例都会不断上升。受冲击的国家都在不断地提高制造业的效率。要防止国内泡沫，因为很容易通过刺激国内的经济来挖掘内需。当前中美贸易战又是一次外部冲击，从一般宏观政策上已经提出了扩大内需等。但是中国在稳定经济的同时，应该对内开放和深化改革，降低营商成本和制度的交换成本。首先要看到，我们放松和推动服务业的对内开放，因为中美贸易尽管以商品贸易为基准，但是美国的真正优势还是在服务业贸易方面。当然中国的弱项也在服务贸易上。所以中国扩大对外开放之前，正好有机会对内进行服务业体系的开放，以提高中国服务业的竞争力。开拓服务空间，包括医疗服务业等，我们经常说的科教文卫体、养老、娱乐、旅游等，这些都是中国现在行政管制比较强的领域，而且在这些方面审批制非常严格。中国承诺推行负面清单管理，但是服务贸易方面推进还是比较弱。所以，中国正处于美好生活需求阶段，最本质的是服务业供给不足。在这方面我们要扩大开放力度。当然，这方面开放首先是深入行政管理体制和审批制度改革，这样才能够推进服务业既保持公共服务供给，又能够满足人们在生活质量需求上的多样化需求。因此，对内开放首先要把服务业开放。

第二，一定要想尽一切办法降低制造业的成本。当前，在现有体制下中国的税收大量是由制造业来承担的，尽管最终由消费者承担。2016年我们才完成了服务业的"营改增"改革。所以原来中国所有的税收负担都在制造业体系。而到2019年我们城市化率达到了60%，我们靠高城市化率的制造业的税收来支撑高城市化率下的社会福利支出，这是支撑不了的。这也是我们内在的一个很大矛盾。所以我们一方面要降低制造业的税收，提升它们的效率；另一方面要降低制造业的营商成本，提升它们的创业能力。我想这都是我们对内开放中的一些重点。

第三，重新处理好政府的治理能力。2018年，党的十八届三中全会提出了推进中国国家治理体系和治理能力的现代化目标，以降低整体的制度交易成本。

第四，坚定不移地降低金融风险。因为每次过度刺激内需都会想到降低金融风险。高院长在上午会议中已经把这个讲得很清楚了，"我们不能因为外部一冲击就回到老路上"。同时，我想指出的是，要避免现在竞争性监管导致的政策性共振，这种叠加效应，使得我们的经济压力更大。在对内积极开放的前提下，我们也需要对外开放，我想在这里提三个我们要继续研究的内容和对一些政策的想法。一是，积极降低关税。中国的关税还是偏高。中国的关税偏高使得我们海淘队伍很大。所以关税提高造成对本国福利的损失。二是，服务业还要谋求积极有序的开放，推动基于WTO框架的升级。同时，通过服务业的开放，更有力地推动全球WTO的服务贸易框架的升级。三是，我们要进行"一带一路"建设里的人民币货币区的探索。这也是中国扩大开放非常重要的方面。

（作者单位：中国社会科学院经济研究所）

高质量发展的经济学思考

唐未兵

在改革开放40周年之际,我们聚焦改革开放与中国经济高质量发展新境界,对中国经济高质量发展进行理论阐释,既有着重大的理论意义,也有着深远的现实意义。党的十九大做出了"中国特色社会主义进入了新时代,我国经济发展也进入了新时代"的重大论断,指出新时代我国经济发展的基本特征,就是我国经济已由高速增长阶段转向高质量发展阶段。高质量发展有政治、社会、经济等方面的重大意义,而从经济学的视角深入理解高质量发展的内涵,我认为关键是要牢牢把握高质量发展的三个并重。

一 高质量发展必须是高效率与高效益并重

效率与效益既有联系,又有区别。在经济学中,效率是指单位时间内生产有效产品的数量,或者生产单位产品所需要的劳动时间。效益是有效投入与产出之间的一种比例关系,包括经济效益、社会效益。效率讲的是过程,效益讲的是结果。效率越高,有可能效益也越高,但效率与效益并不一定是一致的。有时候,有效率不等于有效益。比如,目标错误的效率就不可能有效益,甚至还会产生负效益。

伴随着粗放型增长模式的经济发展是低质量的发展,其重要标志就是效率与效益没有兼顾好。突出表现是盲目铺摊子、上项目,拼劳动、资本、土地、资源、环境等要素的投入,要素利用效率下降，国内生产总值每一个百分点的增长需要投入的要素（比如资金）越来越多，环境污染也越来越严重。所以，我认为高质量发展首先必须是高效率与高效益并重。从效率角度看，高质量发展要求在正确的目标指引下，通过科学的组织方式有效地调动各种要素的积极性，使各种要素最大限度地发挥作用，实现单位时间内生产有效产品的数量最大化，或者生产单位产品所需要的劳动时间最小化。从效益角度看，高质量发展要求以最少的要素投入获得最大的产出，实现资源配置优化和微观主体的经济效益，并表现为企业利润、职工收入、国家税收的持续增加和劳动就业不断扩大。只有高效率与高效益并重，才能真正实现高质量发展。

因此，经济的高质量发展，既表现为要素利用配置效率高，如有效产品的数量最大化，或者生产单位产品所需要的劳动时间最小化。又表现为有效投入产出比高，如单位GDP能耗低、产能利用率高、实现绿色低碳发展、各类微观经济主体之间的利益得到保障等。

二 高质量发展必须是有效供给与有效需求并重

如果从市场供求关系状况来分析，低质量的发展表现为市场供求关系失衡。从供给看，要么经济短缺，供给不足；要么产能过剩，库存积压。从需求看，要么收入低，无钱消费；要么有点钱，因商品和服务质量低、社会保障水平低、消费环境还不完善等原因不敢消费；要么有了高收入，因国内产品和服务供给结构升级缓慢等原因而不愿消费。因此，低质量发展的重要标志往往是无效供给与无效需求并存。

与低质量发展不同，高质量发展是指经济运行过程实现了供求关系平衡的发展。显然，要从低质量发展转变为高质量发展，必须是有效供给与有效需求并重。从供给看，高质量发展要求我们积极建设现代化经济体系，以供给侧结构性改革为主线，推动我国供给体系在产业、产品、企业和要素四个层面进行重构，加快发展高技术产业、战略性新兴产业、现代服务业和现代制造业，不断提高高端产业比重，提高商品和服务的供给质量，培育壮大创新型企业，促进知识、技术、信息、人才、数据等高端要素快速发展。

从需求看，高质量发展就是能够很好地满足人民日益增长的美好生活需要的发展。要求经济运行紧扣我国社会主要矛盾的变化，把握消费升级趋势，适应市场需求变化，动态组织产品生产和供应，更好地满足日益提升、日益丰富的需求，促进供需在更高水平上实现平衡。与此同时，不断提高就业质量，增加居民收入，加大公共服务供给，减轻居民的养老、医疗、教育等负担，释放被抑制的需求，进而带动供给端升级，反过来又催生新的需求。如此循环往复、相互促进，就能推动社会生产力和人民生活不断迈上新台阶。

因此，必须重构我国有效供给与有效需求并重以推动高质量发展的战略思路。在供给侧，我认为有效供给的关键是供给的质量要提高。为此，必须加快改造传统产业，大力发展新兴产业，进一步调整和优化产业结构，为我国产业从全球价值链的中低端向高端的转变提供具有国际竞争力的产业支撑。尤其是要以新一轮技术革命和产业革命为契机，实现供给侧的创新，同时强化企业的质量意识和精品意识，培育一批在国内外有质量优势的品牌产品。在需求侧，我认为有效需求的关键是要调整需求结构，使内需成为引领经济增长的主要动力源。为此，要进一步改革体制机制，释放潜在消费需求，加快消费结构升级形成新需求，推进新型城镇化催生出增量需求，以此扩大内需，增加消费需求。

三 高质量发展必须是内生动力与外生动力并重

如果从经济增长方式来分析，低质量的发展主要以粗放型的增长为主。在粗放型的高速增长阶段，经济增长主要依赖劳动力的数量优势和物质资源的大量投入来实现。问题是无论劳动力的数量，还是物质资源的投入，不会在任何时候和任何情况下都是无穷无尽的。2012年以来，我国适龄劳动人口连续出现总量和比重双下降，劳动力市场供求关系发生重大变化，物质资源的大量投入也遇到环境承受力的约束。与此同时，新一轮技术革命和产业革命对我国新旧动能转换既提供了机遇也形成了倒逼。在这样的情况下，粗放型的低质量增长难以为继，只有进行深刻的动力变革，才能实现由低质量增长向高质量发展的转变。因此，我认为当前实现经济高质量发展的核心，就是要尽快培育形成新动能。而这种新动能必须是内生动力与外生动力并重。

就内生动力而言，创新毫无疑问应当成为高质量发展的第一动力。为什么呢？因为当今世界经济社会发展越来越依赖于科技、理论、制度、管理、文化等领域的创新，国际竞争力越来越体现在创新能力上。科技创新作用于劳动力、资本、技术、管理等生产要素，会极大地提高劳动力、资本、技术、管理等生产要素的品质及其投入效应。科技、理论、制度、管理、文化等领域的创新特别是科技创新的水平越高，对劳动力、资本、技术、管理等生产要素的促进作用越大，对经济发展的贡献率就越大，经济发展的质量也就越高。所以，要实现高质量发展，必须推进动力变革，使经济增长从主要依赖劳动力的数量优势和物质资源的大量投入来实现转变为主要通过科技创新来实现。为此，要大力培育发展新动能，加强国家创新体系建设，深化科技体制改革，建立以企业为主体、市场为导向、产学研深度融合的技术创新体系。加强对中小企业创新的支持，促进科技成果转化。倡导创新文化，强化知识产权创造、保护、运用，激发和保护企业家精神，鼓励更多社会主体投身创新创业。优先发展教育事业，加快"双一流"建设步伐，全力推进教育现代化，培养造就一大批具有国际水平的科技人才和创新团队，建设一支知识型、技能型、创新型劳动者大军，弘扬劳模精神和工匠精神，加快从劳动力数量红利向劳动力质量优势转换。

就外生动力而言，高质量发展必须是坚持深化改革开放的发展。自党的十一届三中全会做出改革开放的历史性决策以来，我国的改革开放一路向前，实现了从"赶上时代"到"引领时代"的伟大跨越，取得了辉煌的成就。在高质量发展阶段，改革开放依然是发展的必由之路和强大动力，我们不仅要继续坚持改革开放，而且要以更大的勇气和魄力深化改革开放。我们说，我国的高质量发展需要有效供给与有效需求并重，需要使内需成为引领经济增长的主要动力源，其实，它们都离不开改革开放的支持。无论是供给侧还是需求侧，经济增长新动能的形成都需要体制机制改革做支撑。体制机制改革既是实现高质量发展的支撑，也是推进经济发展从高速度转向高质量的重要制度保障。因此，为了实现经济高质量发展，必须加快体制机制改革。从供给侧看，如果不改革产权制度、不开放垄断行业、不改善企业营商环境、不重构创新激励机制，所谓供给侧的结构性改革将是不可想象的。从需求侧看，如果没有国民收入分配制度的改革、社会保障制度的完善、消费环境的改善以及财税体制改革等方面的推进，所谓催生增量消费需求将是无法实现的。对外开放也是改革，开放倒逼改革、促进改革，高水平的开放是高质量发展不可或缺的动力。因此，推动高质量发展，必须加快完善社会主义市场经济体制，使市场在资源配置中起决定性作用。必须坚持和完善基本经济制度，在坚持公有制主体地位的前提下，大力发展非公有制经济。必须持续优化营商环境，积极为企业做好服务，全力打造国际一流的营商环境。必须更好地发挥政府的作用，进一步加强宏观调控。必须积极融入"一带一路"建设，推动形成全面开放新格局。

（作者单位：湖南工业大学）

经济高质量发展与创新模式的选择
——基于历史经验的理论阐释

沈 越

我首先要感谢经济所，感谢《经济学动态》邀请我来参加这个论坛，为我提供了一个发言平台。最初接到邀请时，我考虑了一个发言题目"破除市场经济工具论的一些思考"。当后来得知论坛主题是关于中国经济高质量发展问题时，就换了一个题目"经济高质量发展与创新模式的选择——基于历史经验的理论阐释"。我准备讲三个问题：创新的三种理念模式、创新的三种现实模式和中国经济高质量发展与创新模式选择。

一 创新的三种理念模式

先提供一个分析框架：根据创新策动主体在创新中的不同地位和作用，我们可以将近现代经济中的创新分为三种理念模式。

第一种是个人引领的创新模式。具体来说，就是由个体提出创意，并通过个体在市场中组织资源来实现创新。这种创新模式的背景和特点是，存在激励个人标新立异、个人成功的制度安排，有对个体的成功的物质和非物质的激励制度，同时还要有崇尚个人主义的文化背景。此外，它还需要具备一定的市场经济制度背景，有灵活健全的市场，尤其是要素市场能够满足创新所需要的各种资源，使创新者能够把创意变成现实的创新。这种模式最突出的优势是：它最利于出现熊彼特意义上的革命性创新，颠覆性创新，即对原有的技术路线和组织方式摧毁性地再造。

第二种是企业策动的创新模式。这种创新的创意来自企业,并通过企业组织实施。这种模式的背景和特点是:一是存在注重集体和组织力量的制度安排,推崇企业集体主义文化。二是它有成熟健全的企业组织和公司治理模式。基于对创新风险的规避,企业不大可能推出颠覆自己原有技术和组织形式的创新,所以在这种创新模式下,不易产生颠覆性和革命性的创新。但是,这种创新模式有在原有组织框架下对技术和组织不断完善和持续深化的优势,也就是把活儿干得精益求精,产品日臻完善。

第三种是国家主导的创新模式。这种模式是由政府直接提出创新创意并组织实施,或者由政府提出明确的技术政策和产业政策,由个体或企业来负责执行实施。这种模式有如下背景和特点:一是它存在国家主义的制度背景,这种国家主义是集体主义在国家范围内的体现,是集体主义的极端形式。二是政府有动员和组织资源来推动创新的动机和能力,也就是说,政府既要有推动创新的意愿,又要有控制和支配资源的能力来直接实施或支持创新活动。这种创新模式的优势是,在既有的技术条件下,利用政府的力量来加快技术的推广和应用。它有助于后发国家通过模仿式创新来快速实现赶超的优势,但同时它也有把原来的技术和组织锁定在追赶模式之内的弊病。

二 创新的三种现实模式

在现实生活中,一个经济体中可以同时存在创新的三种理念模式,但它们的地位和作用不完全一样,且总有某种创新模式居于主导地位。某种理念模式的主导地位,并不排斥其他两种模式的存在,只不过其作用处于从属地位。

第一种理念模式在盎格鲁-撒克逊历史文化下的英美国家中居主导地位。如果我们以15世纪末大航海时代到来作为现代经济发端的起点,英国曾是现代化先行国家中的后来者,它的现代化起步晚于欧洲大陆的葡萄牙、西班牙和荷兰等国，但是英国却后来者居上。这得益于英国率先制定了包括专利法在内的一系列新制度，保护和鼓励了个人创新，使原来落后的英国渐渐超过了欧洲大陆国家，并且率先实现了工业革命。两次世界大战以后，美国取代了英国的地位，成为这种创新模式的领军者。这可以解释，为什么当代革命性的、颠覆性的技术和组织创新，绝大部分都来自美国。由于这种模式对市场的发育和成熟程度要求很高，如要有能够支持创新的风险投资制度，并且要有盎格鲁－撒克逊文化下所特有的个人主义文化来支撑个人主导的创新，其他国家较难模仿，也较难超越。

第二种理念模式的代表是欧洲大陆国家和日本。企业推动的创新在这些国度中占主导地位，这种创新模式虽然难以出现具有引领时代进步的创新，但在革命性创新出现后，它能够迅速跟进，深度挖掘原创的潜能，并能把其创新技术应用于更加广阔的领域，扩展和延伸原创的价值链。这种创新模式的特点有：企业对行业专注，几十年甚至上百年在同一行业中生产同类产品；企业和行业协会深度合作下的职工培训制度、个人对职业的忠诚以及精益求精的工匠精神。这些特质使德国和日本在高附加值的精细制造业中一直走在世界前列。

第三种理念模式的代表是苏联和中国这样的后发展国家。由于经济文化落后，在追赶先行国家的过程中，为尽快缩小差距，政府发挥着重要的推动作用，进而形成国家主导的创新模式。俄罗斯自彼得大帝时代以来，中国在洋务运动中便开启了以模仿其为主的技术创新模式。在两国后来的计划经济时代，进一步把这种模式推向了极致。创新由政府策动，企业和个人在这种创新模式下只是被动的执行者，没有主动性可言。中国在 40 年前市场化改革以来，虽然企业和个人的创新动机被激活，相应的机制在不断成熟，但政府在创新体系中仍然占主导地位，企业和个人的创新仍然处于从属地位，个人和企业的创新仍被纳入国家创新体系之中。这种创新体系既有利，也有弊。在与发达国家差距大的过去利大于弊，但随着中国与发达国家的差距日益缩小，经济进入高质量发展的阶段，其弊病就会凸显，并呈现弊大于利的趋势。

三　中国经济高质量发展与创新模式选择

回顾过去 40 年，着眼现实，展望未来，我们可以把创新在中国经济发展中的作用分为三个阶段：初期以学习模仿外来技术为主，目前在学习基础上加再创新，未来以自主创新引领。

初期阶段，我们以学习模仿技术为主，因为学习模仿比创新的成本更低。在这个阶段政府主导的国家创新体系发挥了十分积极的作用。因为在这种模式下，除了发挥个人和企业作用外，再增加政府的推动，中国的技术进步很快，大大缩短了追赶发达国家的时间，这是有目共睹的。同时，由于这个阶段是以模仿现成实用技术为主，政府比较容易把握技术发展的状况和技术的市场前景。也就是说在这个阶段，政府的信息比较充分。

目前中国的技术创新模式已经从单纯的学习模仿阶段过渡到了学习加再创新阶段。现在仅仅依靠外来技术和经验已不能支撑中国经济高质量发展，创新在中国经济发展中的作用越来越重要。与此同时，现阶段学习外来技术仍然很重要，但学习已不再是单纯的模仿，而是在学习基础上的再创新。除了在一些领域中的自主创新已开始发挥引领作用外，这种学习再创新的模式已成为现今中国创新的主要形式。随着中国与发达国家间差距的缩小，政府在创新中的作用逐步缩小。这是因为政府既不掌握技术，也不在市场第一线，不可能把握创新的机遇，也不了解创新可能带来的市场规模，即缺乏主导创新的充分信息。在这种背景下国家主导的创新模式就需要进行调整，以不断提升企业和个人在创新体系中的作用。

未来以自主创新引领的阶段。随着中国与发达国家间的差距越来越小，中国可借鉴学习的空间也会越来越小，自主创新在经济发展中的作用愈加重要。当然，这种模式并不排斥学习借鉴别人的东西，但凡别国有比我们更先进的技术，我们都应引进和学习。但是，中国经济要想走到世界前列，必须以自主创新为先导，否则就不可能实现超越。要实现这种超越，就需要重新认识个人、企业和政府三者在创新体系中的地位，提升个人和企业在创新中的作用，逐步降低政府的主导作用。

政府主导的创新领域主要涉及三个领域：一是基础研究，包括科学和基础技术的研究；二是涉及国家安全领域；三是技术和市场前景都十分明朗的领域。除此之外，在其他领域政府的主要任务是通过改革和推动制度创新，营造有利于创新的制度安排和文化环境，以激励个人和企业自主策动的创新。与此同时，政府应该相应减少通过政策来激励创新的做法。这是因为政策易变不稳定，同时政策激励创新活动会激发套利式的机会主义行为。在这方面我们的经验教训不少。例如，在新能源汽车领域，由于政府的高额补贴政策，汽车制造企业关注的是如何在现有技术下扩大产能，抢占市场份额，而忽视新能源技术的开发。对于新能源技术尚不成熟的领域来说，高额补贴政策的弊可能大于利。又如，在太阳能和风能发电领域，由于政府不知道这两种新能源发电的市场规模究竟有多大，高额补贴造成的产能过剩已经十分明显。

（作者单位：北京师范大学经济与工商管理学院）

国土开发与区域高质量发展

刘秉镰

党的十九大报告指出,我国社会主要矛盾已经转化为人民日益增长的美好生活需要和不平衡不充分的发展之间的矛盾,这是理解高质量发展的重要基础。从党的十九大往前追溯,中央始终把满足人民群众的基本需求,或者说是解决供需平衡问题,作为一以贯之的目标与政策出发点。

高质量发展,从区域角度讲应该就是实现区域充分和平衡发展。我国发展过程中存在的问题,在区域不充分方面主要表现为:一是人均收入较低,虽然GDP总量已经达到全球第二,但人均收入仍亟待提高;二是原有增长方式难以持续,土地财政和资源导向型的增长模式已经走到尽头,高强度投资和投资效率递减效应正在叠加;三是新的增长动力源不足。众所周知,创新不仅是经济增长的重要源泉,也是部门间、地区间和国家间重新洗牌实现赶超的重要支撑,然而我们的创新驱动能力仍比较弱;四是市场经济活力仍有待进一步激发,市场化程度仍有待提高。发展不平衡主要表现为三大差别导致的社会失衡、动力转换和创新不足导致的经济失衡、产能过剩和产能不足导致的结构失衡、高速工业化与生态约束导致的环境失衡、胡焕庸线与快速城镇化导致的空间失衡、分税制和绩效考核导致的管理失衡等。

目前,从国土开发和中国的空间治理角度看,我国面临如下挑战:一是发展的硬约束——发展问题。胡焕庸线以东43.2%国土面积承载着90%以上的城镇人口和GDP;二是资源约束和开发效率问题。多种人均资源占有量低于全球平均水平，与此同时多种能耗的利用效率低于全球平均水平，迫切需要从"规模扩张、要素驱动型"向"效率提升、创新驱动型"发展模式转型；三是结构方面的矛盾。包括"城镇、农业、生态之间结构性矛盾""经济布局与人口、资源分布的错配""产业结构、用地规模和利用效率之间的矛盾"等；四是速度与质量的冲突。如，我们用60年实现了城镇化率由10%上升到50%，城镇化速度远高于欧美等国家。但是，在我国快速城镇化进程中，衍生出土地城镇化快于人口城镇化、城市摊大饼式粗放扩张模式，衍生出人口向超大特大城市集中、小城市发育不足和大城市病严重等一系列问题；五是增长和环境的矛盾表现在污染、生态、灾害等多个方面。

展望未来，中国国土开发与空间治理的总体特征与走势表现为以下四点：一是建设国土开发集聚区与轴带，集约化与集聚化特征显著；二是城市群将成为新型城镇化的空间载体，速度和质量并重；三是立足区域资源环境禀赋，推进区域协调发展；四是注重国土开发与资源环境承载力相匹配，生态文明成为重要导向。

京津冀协同发展是我国重大区域发展战略，京津冀世界级城市群建设是优化国土开发格局的重大举措。从总体定位看，京津冀地区将建成以首都为核心的世界级城市群、区域整体协同发展改革引领区、全国创新驱动增长新引擎、生态修复环境改善示范区。从空间布局看，疏解北京非首都功能，构建以重要城市为支点，以战略性功能区平台为载体，以交通干线、生态廊道为纽带的网络格局，形成"一核、双城、三轴、四区、多节点"的总体格局。目前，京津冀与世界级城市群仍有一定差异：资源禀赋差异——人口多、资源差、生态脆弱；发展水平差异——经济体量、都市环境等差距较大；空间结构形态差异——尚未形成合理的网络化空间结构，京津功能过度聚集，"大城市病"突出，二级城市发育不足，人口集聚力有限，亟待空间优化整合。

从京津冀协同发展的使命来看，主要解决两个问题：一是瞄准更高级别地区发展水平，以协同发展助力赶超战略，建成世界级城市群；二是解决地区落差过大问题，实现均衡发展，协同是手段，发展才是目的。

对于京津冀协同发展，有几个值得思考的问题：一是区域赶超战略的路径和格局。京津冀地区与世界级城市群差距还相当大，从人均GDP的水平来看，天津和北京需要倍增，河北需要四倍增。北京周边还有环首都贫困带，大量贫困人口的扶贫脱贫问题亟待解决。鉴于此，京津冀世界级城市群建设实现赶超战略的关键就是要解决发展动力、发展路径和发展格局问题；二是京津冀世界级城市群建设的空间格局。突出问题之一就是有序的城市规模体系尚未建立，大、中、小城市之间的有序分工尚未形成，世界级城市群的建设在空间方面还有很多问题值得思考；三是大尺度区域协同下的政策焦点怎么安排。如何打破"一亩三分地"，如何优化政府间多重复杂博弈关系，如何激发地区间协同发展的动力，从理论和实践两个方面都是值得思考的问题。

（作者单位：南开大学经济与社会发展研究院）

高质量发展与高质量就业

赖德胜

就业是最重要的民生,我国一直很重视就业问题。实际上,有些与就业看起来不相关的政策的出台,其重要出发点就是为了解决就业,比如股份制。厉以宁教授曾在一篇访谈中回忆他是如何提出股份制的。他说提出股份制的目的是解决就业问题。因为20世纪80年代初期,由于知青返城等原因,城镇的登记失业率比较高,就业压力很大,为此,厉以宁教授提出,在劳动部门介绍就业的同时,可以自愿组织起来就业和自谋职业。在这一过程中股份制能发挥独特的作用。正是因为重视,我国的就业状况一直比较好。但正如其他经济领域一样,我们过去的就业工作,比较强调数量、强调结构,比如登记失业率是多少、就业的产业结构状况等,而不太强调质量。就业质量这个词,直到2010年"十二五"规划才开始进入政府正式文件。

跟以前相比,"十二五"规划在就业方面有两个重要变化:一是把就业放在优先位置;二是强调要提高就业质量。党的十八大报告对就业的表述是"推动实现更高质量的就业";党的十九大报告再一次强调了就业质量,表述是"实现更高质量和更充分的就业"。关于就业质量的大范围讨论实际上是从2010年开始,党的十九大把就业质量看成经济高质量发展的重要组成部分。

现在有很多文献讨论就业质量问题。在这里,我想简单讨论四个问题。

一是就业质量的衡量。我们比较了欧洲和其他国家的就业质量指标体系，可以说这方面的文献非常多，我们在 2011 年出版的《中国劳动力市场报告——包容性增长背景下的就业质量》中提出了对就业质量的衡量指标。这里主要介绍欧洲基金会的就业质量指标体系。它们的体系有四个维度：第一是就业的稳定性，比如是否签订劳动合同等；第二是收入水平高低；第三是就业期间是不是有人力资本提升及促进健康；第四是工作和生活的平衡性。

这是比较简单的维度。实际上就业质量衡量非常复杂，它有客观指标，也有主观指标。比如说主观指标，对工作满意不满意，这个差异很大，因人而异。农民工一天工作 12 小时，能挣到更多的钱，他可能是满意的，但每天工作 12 小时，对有些城镇居民来说，就可能是不满意的。即使是客观指标，差异也很大，它包括宏观指标和微观指标。因此，目前多数文献都是一个指标衡量就业质量，没有考虑到个体差异。将来是否可以针对不同人群实行不同的就业质量衡量指标，这是个值得探讨的问题。

有一本书《不死的中国人》，讲的是中国移民在意大利的状况。书里讲到很多中国人为了挣钱，没有休息，没有假日，当地农场主要求缩短工时，中国移民还不干，都跑了。外国人觉得不理解。正所谓"子非鱼，安知鱼之乐"，处于不同收入阶段的人，对工作的理解、对工作的要求、对工作的满意度是不一样的，如果用一个维度来衡量就业质量，可能会有偏差。因此，我觉得到目前为止，还没有解决好如何来衡量就业质量的问题。如果不能衡量就业质量，就没法去判断就业质量是高的还是低的，就没法出台更有针对性的相关政策。

二是就业质量的相对性。就业质量这个指标或者概念，我觉得是相对的。虽然从 2010 年我国开始强调就业质量，未来更应该强调就业质量。但就业质量跟就业数量相比较，它有个相对性问题。比如说，现在的就业数量，当前处于三大就业压力期的"叠加期"。第一是去产能，这一改革已经处于一个收尾期，会导致很多劳动力退出岗位，去产能这样的改革，一定会导致劳动力市场的变化；第二是科技进步，所谓的人工智能等为代表的新科技革命，它的广泛应用虽然会创造就业岗位，但一定会发生机器替代劳动力的过程，事实上现在已经发生了。这是所谓的新科技革命导致的"就业极化"现象，很多中等技能劳动者，会被机器人和人工智能替代，这会释放出就业压力；第三是中美贸易战，我们专门做过评估，中美贸易战到目前为止并没有对就业产生很明显的影响，但它会导致部分行业、部分地区、部分人群的就业压力增大，而且这个影响将会逐渐显现并加重。因此，去产能、科技进步和中美贸易战，三股力量叠加在一起会导致就业压力很大。此外，我们每年还有不少新增的劳动力。在这种情况下，既要强调高质量就业，同时就业的数量本身又很重要，稳就业居于"六稳"之首。因此，就业质量绝对不是越高越好，一定要实事求是，它是一个渐进的过程，不是说到2020年就是高质量就业，也许到2035年，到2050年，这个过程我们都在追求高质量就业、充分就业。

三是如何提高就业质量。比如政策选择这个主题，有人力资本政策、劳动力市场政策、产业政策等。特别想强调的是，在这个过程中提高就业质量可能要抓重点人群分别施策。现在我国的重点就业人群有八个，包括大学生、农民工等，不同人群就业的质量和政策选择可能不一样，因此要分别施策甚至精准施策。比如，对于农民工的就业质量，通过签订劳动合同确保就业稳定性，加强社会保障，提高收入水平可能是很关键的。而对于大学生的就业质量，发展机会、工作与生活的平衡等可能是更关键的。当然，有些政策可能是一样的，比如劳动关系的构建。2015年《中共中央 国务院关于构建和谐劳动关系的意见》公布以后，各个地方都非常重视和谐劳动关系的构建，但如何构建？工会应该发挥什么样的作用？政府又该扮演什么角色？对于这些问题，各地各行业也许有自己的独特实践，但就它们在提高就业质量中的作用而言，政府、工会的角色是差不多的。

四是就业质量的动态性。有人会问，就业质量的重要指标是工作稳定性，但现在很多人追求新就业形态，弹性就业、灵活就业。这似乎不利于提高就业质量，究竟该怎么看？确实，根据多数衡量就业质量的指标，单位就业意味着就业有较高的稳定性，是高质量就业，非单位就业不稳定，质量不高。但我们现在的技术进步导致很多新就业形态，不是传统的单位就业，甚至没有单位，就在家里就业。对于这种情况如何看待？为什么年轻人愿意追求这种灵活就业？这既有这种就业形态本身的吸引力，比如不像单位就业那样按部就班，工作时间有更大灵活性，也有年青一代对工作的理解发生了变化，他们更追求自我，不喜欢有太多约束。同时，还有一个很重要的原因是当前就业形势好，就业比较稳定，我国现在的登记失业率为4%左右，非常低。这意味着，工作机会很多，可以在不同工作之间比较方便地转换，离开A工作岗位后马上能到B岗位工作，因此工作岗位是不断变化的，但就业状态是稳定的。如果就业压力大，找不到工作，人们就不会轻易抛弃原有的工作岗位，工作稳定性就很重要。因此，新的业态、新的经济形式和就业方式，也会影响我们对就业质量的理解和衡量。

总体来讲，就业质量是最近10年才开始倡导的理念和做法，还处于不断探索之中。跟其他方面的质量研究相比较，我觉得就业质量的研究还处于起步阶段，还有很多值得挖掘的方面。

（作者单位：北京师范大学经济与工商管理学院）

中国经济高质量发展的战略重点

张建华

感谢经济研究所和《经济学动态》编辑部的邀请。围绕主题"中国经济高质量发展的政策选择",我想着重谈战略重点及其选择问题。

如何选择相应的政策呢?首先我们要把握住高质量发展的内涵是什么,中国经济发展的质量状况如何来判断。

我们知道,高质量发展这样一个命题的提出实际上体现了我们的一个期盼,也就是说中国的发展要转向高质量发展还有很多工作要做。比如说,我们如何从原来重视数量增长转向重视质量和效益提升,重视经济结构的优化,尤其是促进经济动能的转化。我们要追求高质量发展,目标是什么?质量第一和效率优先将会成为高质量发展的一个核心内涵。

根据学术界对这个问题的探讨,基本上形成了这样一个看法,追求经济的高质量发展就是要实现经济的转型、结构的优化、动力的转换,同时要做到风险可控,而且要实现共同富裕、包容发展,以及环境优化,实现绿色发展。也就是说,这就是我们对发展内涵的再升华,对发展阶段的重新判断。

进一步来讲,高质量发展核心内涵包含六大方面。

第一,满足经济高质量需求,也就是说要伴随着需求的升级、经济的发展,我们要在一个供需的更高水平上实现均衡。随着改革开放40年的发展,我们的收入人群出现了比较大的变化,中间收入群体在扩大,城市化水平在提升,内需市场在进一步扩大。另外,我们会发现就业质量不高、居民收入水平偏低、公共服务不足、养老医疗教育等问题不能得到满足，这恰好是经济发展需要解决和满足的。

第二，高质量发展需要有与之相适应的供给支撑，这就需要资本和人力资本质量的提高，以及微观产品服务质量的提升跟它相匹配。

第三，实现高质量配置。在供和求这两个方面，伴随着经济发展要实现更高水平的均衡，必须要有一个更高效的配置机制，要让市场在资源配置中的决定性作用更好地得到发挥。

第四，实现高质量的投入和产出，实现内涵式发展，要追求效益和质量，要更进一步实现经济可持续发展。

第五，实现高质量分配，使生产、交换、分配形成一个良性循环。

第六，从整个宏观经济体系来看实现高质量循环，从微观的供求平衡达到整个渠道的畅通，以及宏观体系的完整，构成实体经济和虚拟经济是相辅相成、相互支撑的循环体系。我们的宏观体系应该避免通货膨胀或者通货紧缩或者经济周期性的恶性循环，实现良性循环。

我们对所有这些高质量的期盼都是基于现实考虑的。现实情况是：随着中国经济快速增长40年，我们发现社会经济的基本矛盾发生了转变，也就是说人们对美好的生活是充满期待的，对更高品质和全面的发展是充满期待的，但现实中我们却发现不平衡不充分的发展问题仍然比较突出。所以要寻找实现解决高质量发展的路径或途径，或者说我们要更好地做出政策选择，必须找到一个突破口。这个突破口从哪找？我想一个基本理念还是回到经济学的基本原理上来，要实现供求在更高水平上的均衡。我想这是一个基本原理，如果明白了这样一个原理，我们寻找突破口的时候就不至于有偏颇。

毫无疑问，伴随着经济发展，很重要的一个决定因素是最终需求，就是消费升级或者消费增长，要满足消费的不断升级和增长，供给怎样更加均衡就显得十分重要。要实现这一点，政策的着眼点应该关注四个指标，也是我们在发展含义上要特别考虑的。因为以前的发展政策指向，在很长一段时间里基本上是GDP增长导向或者是以GDP为导向的政策制定，实现充分就业是以一定的经济增长作为保障的。供求的基本平衡不变，在这个基础上我们要把发展的含义提升一下，要考虑四个层次的问题。

第一，伴随着更高水平的均衡，一定是要追求更高的劳动生产率。就劳动生产率和全要素生产率，蔡昉院长谈了他的看法，很多观点我也认同。

第二，劳动生产率考虑的是更大的产出效益，全要素生产率更多考虑的是创新贡献率或者增长方式的问题。

第三，我们要关注的指标是经济和社会均衡发展，在GDP增长的基础上加上包容性增长，如何实现社会福利的增进，教育和医疗以及更大人群的普惠性和共享发展。

第四，追求更好的生态。

高质量发展目标制定中要把这四个方面因素考虑进去。聚焦这四个方面的目标，再进行制定路径选择或者政策选择的时候就不会偏离方向。其中，要特别强调劳动生产率和全要素生产率问题，因为这块是区别于原来经济形态的重要抓手。依靠全要素生产率提升来引导供给方面的改革，提升人民的福祉，拉动需求侧升级，是在目前的路径选择当中或者政策制定时的一个重要抓手。为什么这么说呢？因为全要素生产率的提升将会使高质量发展的支撑作用得到更好的体现。很多发达经验也表明，经济发展有后劲就是因为全要素生产率有更高的效率。

全要素生产率提升有两大引擎：一是企业之间要素配置的持续优化，二是企业内部生产效率的不断提升。实际上是靠深化改革，主要有三个与全要素生产率提升相伴随的改革：一是，一定要保证要素的自由流动，而且是有序的自由流动。二是，市场化配置的机制要更好地发挥作用。三是，创新驱动来提升生产效率。如何来实现？其实它的核心问题还是涉及整个体制机制能不能支撑。比如说经济体制改革、金融监管体制改革、政府机构改革等，在提升全要素生产率方面能够有针对性地形成一个更好的支撑。这就是一个总体抓手。

从政策制定角度来看，如果我们体制机制改革要进行深化，它的指向是哪里呢？实际是要把微观搞活，更好地释放微观活力。微观活力怎么理解？这与我们整个期望的经济高质量发展是相适应的，必须有一个微观产品服务质量提升与之相匹配。伴随着微观的产品质量和服务质量提升，我们必须改善现有的要素配置状况，要素提供的质量，也要有一个公共服务体系相支撑。例如，有更高的质量标准、技术标准以及质量监管，防止劣币驱逐良币，我们应更注重品牌建设。从微观来讲我们对高质量有更高的期盼。但我们可能又面临着一个困惑，从微观角度来看存在一个质量的峡谷。我们会发现这样一个现象，企业在经营发展的时候，最开始起步如果是一个高质量的提供，而社会上正好有比较强的需求，那么它一定有很强的盈利能力，但如果这个社会处于发展过程当中，刚开始普遍比较贫穷，在这种情况下也许那些低质量恰好满足需求。所以我们会看到刚开始起步的时候，一般产品的生产反而有比较强的盈利能力。

随着经济发展、收入水平的大幅提升以后，要求供给必须更加重视高质量，尤其是品牌。但现实状况是，供给质量会处于中间地带，对于处于不高不低质量状态的这类企业就比较麻烦，很可能他们的资本投资回报率会非常低，也就是说会陷入一个"U"形地带，造成投资与投资回报率之间会出现一个悖论。

这个悖论给当前的改革和企业发展发出警示：我们的企业不能空喊口号要提升质量，而是实实在在去改进质量。所有企业都能做到吗？恐怕很难！为什么曾经有段时间很多中国人去日本旅游时专门买智能马桶盖，这是因为国内市场上缺乏高质量的智能马桶盖供给。所以在企业发展过程中，从微观角度来看我们会发现有这么一个质量的峡谷，对很多企业来讲是有挑战的，这就需要解决三个大问题：一是企业本身的问题，二是社会的供求之间怎么匹配的问题，三是结构之间的优化问题。这是我们从微观角度和企业角度来谈的。

从社会角度来讲,搞活微观主体必须要让企业家更好地发挥作用,让更多具有企业家精神的企业来支撑高质量发展,这就需要营造一个企业家创新创业的良好环境,当然企业也需要改进自身的经营方法。怎样营造这个环境?比如说加大智能化投入、促进数字经济的形态发展,这就是现在提倡的"四新"经济,要更多地促进科技资源转化,以及科技资源支撑现实产业发展,让科技创新资源向企业集聚。

怎样实现这点?关键问题在于:我们还是要回到如何形成一个有利于企业家及企业成长的体制机制和政策环境。核心问题是让市场在资源配置中起决定性作用要落地,使政府在经济活动中进一步减少干预,真正导向高质量人才、公平竞争的市场环境形成,以及促进创新发展的制度环境。这些包括:知识产权的保护问题,鼓励创新的监管制度问题,还有配套的土地制度改革、国企改革、金融改革乃至干部制度改革。怎样更好地适应新机制,就是让市场在发挥作用的时候,做到法无禁止即可为,让政府发挥作用的时候,更多是在创新和完善宏观调控方面,既要做到不缺位,更要做到不越位。对我们来讲,这是我们改革的难点所在,也恰好是我们要做好的工作。只有做好这些,整个社会环境,整个微观的机制和宏观的环境,可能会更有利于高质量发展。

最后,在高质量发展的指标体系、政策体系以及相关体系方面,我们还要进一步加强研究,加强政策导向。

(作者单位:华中科技大学经济学院)

新时代中国特色社会主义的分配原则应该是共同富裕

谢 地

站在改革开放 40 年的时点上,开启中国特色社会主义新时代,需要回答一系列重大课题。其中,新时代中国特色社会主义的分配原则到底是什么,就属于应该回答的重大问题之一。中华人民共和国成立以来,特别是改革开放 40 年来,我国对中国特色社会主义的分配原则进行了不懈探索。按劳分配是社会主义分配原则。中国特色社会主义的分配原则既体现社会主义分配原则的一般要求,又具有体现中国社会主义初级阶段的特殊规定性,实行的是按劳分配与按生产要素分配相结合的分配制度,即在公有制经济中贯彻按劳分配原则,在非公有制经济中实行按生产要素分配原则。在社会主义市场经济条件下,按生产要素分配不仅覆盖非公有制经济,公有制的各种生产要素也要参与分配。这就在中国特色社会主义分配制度中出现了两种并行且相互渗透的分配原则或者制度安排。总结我国改革开放 40 年分配领域的实践经验,对收入分配原则进行符合中国实际的新的理论概括,是创新发展中国特色社会主义政治经济学的重要课题。创新发展中国特色社会主义政治经济学要坚持马克思主义政治经济学的立场、观点和方法,恪守科学社会主义原则,但必须按照问题导向,从中国的实际出发进行新的理论概括与抽象。党的十八大报告中指出:"必须坚持走共同富裕的道路。共同富裕是中国特色社会主义的根本原则。"党的十九大报告提出:新时代我国社会主要矛盾是人民日益增长的美好生活需要和不平衡不充分的发展之间的矛盾。必须坚持以人民为中心的发展思想，不断促进人的全面发展、全体人民共同富裕。据此，在坚持、完善公有制经济的按劳分配原则的前提下，以共同富裕为原则构建新时代中国特色社会主义的分配制度具有越来越明显的必要性和可能性。

一 关于按劳分配的既有理论与实践

1. 马克思恩格斯的理论

马克思认为，生产和分配是同一个事物的两个方面。在《资本论》中强调，所谓的分配关系，是同生产过程的历史规定的特殊社会形式，以及人们在他们生活的再生产过程中互相所处的关系相适应的，并且是由这些形式和关系产生的。这些分配关系的历史性质就是生产关系的历史性质，分配关系不过表示生产关系的一个方面。在一个社会中，人们以一定的方式占有生产资料，就会凭借对生产资料的占有而占有产品。

据此，马克思认为按劳分配是共产主义低级阶段，即社会主义的分配原则。在《哥达纲领批判》中，马克思把未来社会的社会总产品划分为三个部分：一是为了满足社会再生产需要而进行的必要扣除，包括用来补偿生产资料、扩大再生产追加部分以及用来应付不幸事故、自然灾害等的后备基金或保险基金。二是为满足社会共同需要而进行的必要扣除，包括同生产没有直接关系的一般管理费用（如行政、会计等），用来满足共同需要的部分（如学校、医疗等），以及为丧失劳动能力的人而设立的基金。三是分配给劳动者个人的消费品。在共产主义的低级阶段，由于社会刚刚从资本主义社会中产生出来，在各方面还带着旧社会的痕迹，因而，社会产品在做了各项扣除之后，在分配上实行等量劳动相交换的原则。劳动者按照所付出的劳动量从中获得一部分消费资料。

耐人寻味的是《哥达纲领批判》中关于按劳分配的思想，马克思恩格斯后来都没有再次提及。可能的原因是，他们对社会主义社会分配的认识越发谨慎。在《反杜林论》中，恩格斯对社会主义的分配方式提出：只要分配为纯粹经济的考虑所支配，它就将由生产的利益来调节，而最能促进生产的是能使一切社会成员尽可能全面地发展、保持和实现自己能力的那种分配方式。但是，这样的分配方式具体以什么为标准呢？恩格斯没有回答。1890 年，在给康·施米特的信中，恩格斯就未来社会分配方式的辩论发表了自己的看法，指出未来社会并没有固定的一成不变的分配方式。

根据马克思恩格斯的观点，我国学界认为，"按劳分配与公有制是一个硬币的两面"。社会主义实行按劳分配制度不是出于公平或伦理上的考虑，也不是出于人们道德觉悟的考虑，而是由社会主义公有制的基本性质决定的。在社会主义公有制的条件下，一方面，生产资料归社会占有，人们在生产资料的占有上处于平等地位，任何人都不能凭借对生产资料的垄断占有获得特殊的经济利益，劳动成为他们获得社会产品的唯一根据。在资本主义条件下凭借对生产资料的垄断占有而获得剩余价值的情况已经不复存在了，所以按劳分配意味着反对剥削。另一方面，由于社会刚刚从资本主义社会中产生出来，在各方面还带着旧社会的痕迹，还不能实行"各尽所能，按需分配"的原则，而只能实行按劳分配的原则。在按劳分配的情况下，脑力与体力、简单与复杂等不同劳动之间还存在着巨大的差别，不同生产者的劳动能力也存在差别，劳动能力还是一种"天赋"的权利。如果一个人在体力或智力上胜过另一个人，在同一时间内提供较多的劳动，那么就能获得较多的消费资料。按劳分配情况下的这种不平等在社会主义阶段还是不可避免的。

2. 按劳分配理论在中国的发展及实践

根据马克思在《哥达纲领批判》中的论述，按劳分配虽然"通行的是商品等价物的交换中通行的同一原则，即一种形式的一定量劳动同另一种形式的同量劳动相交换"，这个原则是"调节商品交换（就它是等价交换而言）的同一原则"，但是，其实现过程却是以有计划按比例分配社会劳动为条件的。所以，马克思按劳分配理论的前提是不存商品货币关系，是一种非市场型的按劳分配。在我国社会主义市场经济条件下，公有制经济中的按劳分配内容和形式与马克思提出的经典理论产生重大差别。我国学者认为，即使在公有制条件下，个别劳动与社会劳动也是有差别的，个别劳动并不能直接被社会所认可，即并不能直接转化为社会劳动。而生产者之间的等量劳动相交换一定需要某种社会尺度，这种社会尺度只能是抽象的社会劳动。在社会主义公有制经济的实际运行中，由于影响生产和消费的因素复杂多变，生产者具有私人性质的个别劳动也不能像马克思和恩格斯所设想的那样，不经过曲折迂回的途径而无条件地直接转化为社会劳动，而必须经过一个抽象化、平均化和社会化的过程。在社会主义初级阶段，这个过程只能通过市场才能实现。具有独立经济利益的生产者根据自己的利益按照市场的需要进行生产，并通过市场机制交换各自的产品是实现等量劳动交换的唯一可行的途径。在社会主义市场经济条件下，按劳分配会受供求、竞争和价格波动等多种因素的影响，生产者的收入在很大程度上取决于与生产者的劳动无关的市场因素，借助商品货币关系实现的按劳分配是一种不同于马克思经典理论的市场型按劳分配。

我国学界普遍认为，按劳分配的实现形式发生变化，是实践理性的一种反映，变化的只是形式，并没有否定按劳分配作为社会主义公有制经济的分配原则。

在社会主义市场经济条件下，集体企业的数量已大幅缩减，在公有制性质的企业中就业的劳动者人数也大量减少。按劳分配作为社会主义的分配原则，其影响范围及其程度事实上在缩小和下降。

二 按劳分配原则在我国实践中的若干重要问题

1. 按劳分配的"劳"无从计量

在马克思的语境下，社会主义之所以能够实行按劳分配，前提是剔除商品货币关系，实行产品计划经济，劳动者的个别劳动时间可以直接成为社会必要劳动时间，劳动数量和质量进而成为分配个人消费品的依据。但是在市场经济条件下，私人劳动（个别劳动）与社会劳动的矛盾依然存在，劳动时间计量只能是在市场机制的作用下借助劳动力市场来实现的。而借助于劳动力市场来配置劳动力资源，劳动力价值（劳动力价格即工资背后的本质）是客观存在的。按劳分配不可能完全脱离按劳动力价值分配这个基础，与按生产要素分配中的按劳动力价值分配很难截然划分出界限。事实上，在社会主义市场经济条件下，国有企业同样采取劳动合同制结成企业与职工的契约关系，国有企业职工类似国有资本雇员，其身份地位与非公有制企业职工并没有本质区别。把按劳分配硬说成是公有制的分配原则，而按劳动力价值分配就属于非社会主义的按生产要素分配，理论上并不能自圆其说。

2. 简单照搬经典作家的按劳分配是"有折有扣"之后进行分配"说"并不符合实际

实际上，就"社会扣除"而言，不仅国有企业有"扣除"，非公有制企业同样有"扣除"，均通过纳税的方式集中一部分收入国家手中以满足社会共同的需要。如果说有所区别的话，那就是国有企业的扣除不仅通过"纳税"来体现，还要上交国有资本收益，甚至划拨国有资本权益来满足社会共同需要，以体现国有经济的社会主义全民所有制性质。也就是说，国有企业与非公有制企业的区别在于由资本权益决定企业经济剩余扣除的多寡而不是扣不扣除的问题。

3. 按劳分配与按生产要素分配"板块式"结合与社会主义市场经济存在矛盾

按劳分配是劳动价值论的逻辑结果，既然劳动是创造价值的唯一源泉，那么在公有制经济中，必须按照有利于劳动者的原则来进行分配，即实行按劳分配。但问题是，在市场经济条件下，创造财富的源泉是多元的，既包括劳动要素，也包括非劳动要素，所以应该贯彻按生产要素分配的原则。这同样是公平的分配原则。不仅非公有制经济实行按生产要素分配原则,公有制的生产要素同样也要参与分配。改革开放以来,包括国有经济在内的公有制经济比重不断下降,就业人数不断减少,而非公有制经济比重不断攀升,就业人数不断扩大,以"双创"形成的新增就业,也主要集中在非公有制经济。事实上,按劳分配的范围在缩小,影响程度在下降。

4. 仅凭公有制及其按劳分配一己之力难以解决共同富裕问题

改革开放以来,我国居民不同社会阶层之间的财产差距和收入差距越来越大,以基尼系数反映的居民收入总体性差距逐年拉大,已经超过国际公认的承受线。同时,城乡之间、地区之间、行业之间以及居民财产占有的差距不断扩大。这种差距,不仅表现在公有经济与非公有经济之间,公有制经济内部城乡之间、地区之间、行业之间以及居民财产占有的差距也在扩大。而这种扩大,恰恰是在坚持公有制主导地位和按劳分配主体地位的条件下发生的。这说明,在公有制经济比重下降,就业人数减少的背景下,靠分配方式板块式结合无法解决收入差距扩大问题。要实现共同富裕的目标,除了坚持公有制经济的按劳分配原则,辅之以收入再分配手段外,还应该探索一种对全社会各种所有制形式均适用的收入分配原则,以不断彰显社会主义共同富裕的理念。

5. 在市场经济条件下,按劳分配收入与按劳动力价值分配收入情况复杂,亟待转变观念

一般而言,在同一行业、同一工种之间,公有制经济中劳动者按劳分配收入要高于非公有制经济中劳动者按劳动力价值分配收入。但事实上,存在大量非公有经济劳动者收入高于公有制经济劳动者收入水平的情形。这在沿海发达地区、新兴行业的私企及外资企业中表现得非常明显,技术人员薪酬水平更高。这种情况的出现,除了市场竞争决定的企业效益差异外,还与中国的国情有关。在社会主义初级阶段市场经济条件下,虽然不可能排除贪婪成性、剥削压榨劳动者血汗的资本家的存在,但从总体上说,非公有经济人士深受党的教育和社会主义理念的影响,在处理资本与劳动关系上,已

经深深打上了社会主义的烙印。按劳分配不等于高收入，按劳动力价值分配也不等于低收入。而这本身正是中国特色社会主义的伟大成就之一。

三 探索新时代中国特色社会主义的收入分配原则及其实现形式

从实际出发而不是教条出发，有必要根据新时代我国社会的主要矛盾对现阶段收入分配原则进行新的概括。如果不拘泥于公有制经济或非公有制经济，按劳分配与按生产要素分配实际上都不是新时代中国特色社会主义的收入分配原则。新时代中国特色社会主义的收入分配原则应当是共同富裕。

鉴于混合所有制是社会主义初级阶段基本经济制度的实现形式，在收入分配方式上，也要打破按劳分配与按生产要素分配"板块式"结合格局。事实上，公有制中不仅有按劳分配，也有按生产要素分配，非公有制经济也可以内生出更有利于劳动者的分配方式。国家存在的一个重要职能是为财产权利提供制度安排，而财产权利制度直接决定分配方式。应该积极探索非公有制经济及公私混合所有制经济中劳动者剩余分享制度，如工人持股计划等，使劳动者能够共享企业发展利益。共同富裕，不能光靠公有制和按劳分配来实现，各种所有制经济及混合所有制经济中的劳动者剩余分享机制更有利于实现共同富裕。

在坚持完善社会主义市场经济条件下公有制经济按劳分配实现形式的同时，探索新时代中国特色社会主义共同富裕原则的实现形式。不论公有制经济，还是非公有制经济，应当采取统一的收入测算公式，即劳动者收入＝劳动力价值＋经济剩余分享。为此，一是在发挥劳动力市场机制的决定性作用的同时，发挥有效政府的作用，通过国家法律法规和工资政策，强制性保障劳动收入能够首先做到按劳动力价值分配，让每一个劳动者都能够"物有所值"，即自身的劳动力价值都能得到充分的实现，这是保障劳动力生产和再生产、不断提高劳动者素质的必然要求；二是劳动者要共享企业经济剩余，工资不仅要与劳动生产率、企业效益挂钩，也要与利润挂钩，企业利润的一部分应该归劳动者而不是为资本所有者独享。公有制经济（特别是国有经济）与非公有制经济的共性，是均须做到按劳动力价值分配；区别在于国有企业缴纳税收之余，不仅要使本企业的职工分享经济剩余，还要通过上缴红利及划转国有资本权益等途径，让全体国民能够分享国有经济剩余，以体现国有经济作为社会主义全民所有制实现形式的根本性质；非公有制企业的经济剩余分享应限制在本企业职工的范围之内，而其对公共需求的满足则主要是通过纳税来体现的。

（作者单位：辽宁大学经济学院）

高质量发展的科学内涵

张亚斌

首先说高质量发展的科学内涵是什么？最近的讨论很多，我发现高质量发展就是要以最小的资源耗费，使需求获得更大程度上的满足。这其实是经济学最基本的要义也是永恒的主题，只不过高质量发展在不同的发展时期的意义不一样。所以我想重点说一下，制约我国高质量发展的关键瓶颈是什么。

今天蔡昉老师分析了高质量发展的重要来源或者是标志性指标：全要素生产率。一个是宏观资源配置的效率，另一个是微观企业生产的效率，蔡昉老师把前一个叫作库兹涅茨效应，后一个叫作熊彼特效应。我国在过去的40年改革开放中，资源配置效率提升的重要原因是从要素边际生产率比较低的部门转向了边际生产率比较高的部门，比如说从农业部门转向了非农业部门，从农村转向了城市，从中西部地区转向了发达地区，从效率比较低的国有企业转向了效率比较高的民营企业。这个问题在很久以前，樊纲老师就做过研究。

现在的问题是这个资源在逆向流动，从发达地区流向落后的中西部地区，从民营经济流向国有经济。这种逆向流动究竟是什么原因导致的？是要素的边际生产率发生了逆转吗？如果发生了逆转，这种流动是导致全要素生产率进一步提升的。是由于人为因素导致的？这些人为的因素是否会导致资源的错配？我们现在说，这种人为的因素或者说资源错配是比较突出的。像资源，现在有些流向农业，据我所调查有大量的涉农企业，没有政府补贴是没办法生存的。中西部地区为什么能够吸引资本的回流呢？其中一个非常重要的原因也是政府补贴，有不少企业是在沿海发达地区，可能得不到政府的支持，或者说不属于政府支持的范围，这些企业就转向内地。

内地政府招商引资把他们引过来，政府的补贴有很多形式，像税收的减免、税收的返还、财政奖励等，其中非常重要的就是建设很多工业园或者是产业园。我所在的省份每一个县区都有一个省级的工业园区，还有其他大大小小的园区。这个补贴是怎么来的？政府哪有钱来补贴呢？第一个是用商业用地来补贴工业用地，这实际上推高了房价，因为工业用地政府是倒贴的，这个钱能用商业用地溢价来补。第二个，政府借钱来搞园区，这样提高了地方政府负债，同时培养了一批投机型企业。虽然不都是负面的，但有负面的影响，就是这些企业在全国套利，这个地方的优惠政策用完了马上到其他地方去获取优惠政策。

从银行来说，银行的资源更多的是配给国企。钱贷给国企，如果出了问题能说清楚，但如果贷给民企就说不清楚了。所以资源会向国有经济倾斜，而不是向民营经济倾斜。

产业政策与产能过剩，中国每年大量投入支持光伏发电和风电，政府有很多补贴，但有大量的弃电现象。中国每年弃掉的风电和光伏发电，相当于整个欧洲的用电，是非常惊人的。现在新疆的电送不出去，不是技术问题而是垄断问题。所以，高质量发展非常根本的问题或者非常关键的问题是产业政策应该是高质量的。

产能过剩的原因，我们觉得是市场失灵和政府失灵叠加的结果，市场失灵导致产能过剩。除了市场失灵之外，还有政府失灵，从我们的产业政策导致产业结构的聚拢，这也是一个重要原因。政府补贴方面非常重要的一块是土地补贴，土地补贴附加金融杠杆之后会导致企业的扩张能力非常之强。现在的地方政府更多的是采取土地这种方式去补贴企业，企业拿到土地之后，可以去融资和继续扩张，放大金融杠杆，所以使产能过剩形成一种常态。

这样来说，我国宏观层面上的资源配置效率受到了影响。从微观层面来说，微观企业的生产效率来源于什么？波特提供了一个很好的分析框架，企业效率来源于成本优势或者价格优势，再加上差异化优势。这两个优势就是创新和价值链的重构。一方面，通过价值链的重构和创新降低了成本和价格，从而提高了全要素生产率。另一方面，通过创新为用户提供了额外的效用。获得市场的溢价，并且这个市场溢价要高于创新的成本，这个创新才是有意义的。

但现在企业处于困境，受到高成本与产能过剩的双重挤压，主要是社保基金问题很突出。前段时间我们调研发现社保基金都是没有足额交的，尤其是民营企业。这回要交税了，要求社保基金由税务部门代收，结果是没办法打擦边球，没办法不足额交了，所以企业现在叫苦连连，说其负担比减税之前要重得多，有人员成本、税收成本、融资成本。其实我们还有一个重要的东西就是隐性成本，企业家们非常清楚隐性成本。在这个时候产能过剩，营收成本高，价格又走低，所以企业的盈利空间极大地压缩了。

那企业怎么办呢？企业要创新。创新既能降成本，又能获得市场溢价。但现在创新有很多问题，有些企业因为有行政垄断其创新动力不足，有更多企业是因为要素结构约束，创新动力不足，而且还有大环境问题。所以现在政府很着急，说要创新，但企业找不到创新的有效路径。我昨天过来之前，搞基金的搞金融的学生跟我说，现在清华的毕业生在国内雄心勃勃地搞几年技术创新，搞三四年之后都到金融领域来了，为什么？他说做技术创新，发现真正涉及原创性的技术，不是那么好创新的，周期长，投资大，风险还很大。

反过来，要么去做一点简单的创新，很表面的创新；要么去做金融，比较快地去圈钱。所以，我国政府扶持创新的时候，像抢人大战、创新性城市建设等，坦率地说对创新产生的效果还是比较有限的。尤其是前不久的抢人大战，人才其实是市场竞争的结果，不是政府部门给一个头衔或者什么东西,现在创新并没有产生预期的效果,我们投入了很多资金进去,但并没有在整体技术的提升方面达到预期目标。所以,制约我国高质量发展的主要瓶颈,一是宏观层面资源错配;二是微观层面企业的创新不足。

那怎么办呢?刚才张建华院长讲的比我系统,我是做国际贸易的,所以我从这个方面提点建议。

要进一步扩大开放,降低关税,扩大进口。现在有一种说法我很不赞成,中国在未来的15年将进口24万亿美元还是25万亿美元商品,中国将从过去的世界工厂变成全球超市。说提高消费是应该的,但中国现在还不能成为一个消费型国家。扩大开放最重要的就是要发展价值链贸易,扩大的重点不是从东南亚和拉美国家和地区进口农副产品,重点应该是扩大欧美发达国家知识技术密集型的服务业中间品的进口,促进中国价值链的重构。同时,放松外资准入,2018年版的《外商投资准入特别管理措施(负面清单)》基调就是基本放开制造业,大幅度扩大服务业的开放,放宽农业和能源资源的准入。我认为,一是会强化竞争效应;二是会减少技术外溢,中国跟发达国家的技术差距仍然很大,仍然要继续技术外移,继续技术外移和我们的自主创新并不矛盾;三是要促进要素的升级;四是倒逼供给侧改革。

深化国内改革的最核心问题是,让市场机制在资源配置中发挥基础性、决定性作用。文件里面写得清清楚楚,但实际上这个问题并没有得到很好的解决,原因是缺少一个有效机制。这样就会出现一个问题,我们替代了市场、压制了市场、扭曲了市场,就会导致资源错配。我去调研,发现地方主要领导担任产业链链长,这是一个新名词,这个地方要建成多少个产业链,重要的领导就作为产业链的链长。这种做法,我觉得是在压制市场、扭曲市场。

政府的改革将削减审批权,全面规范并优化政府补贴,重建社会信用体系。这个社会信用体系是广义的,不仅仅是金融信用体系,还要提供有效的产权保护,维护公平竞争,改善营商环境,形成高质量发展的现代系统，这才是关键。有些地方政府不要瞎搞，瞎搞也没有用。

还是要回到40年改革开放的内在逻辑，党中央早就定下来的发展基本方针，只有回到这方面来，高质量发展才能够水到渠成。

（作者单位：湖南大学经济与贸易学院）

高质量发展的创新组织方式

卢现祥

什么是高质量发展？我认为高质量发展很难界定和量度。高质量到底指什么？我想主要从创新这个层面来谈一下高质量发展。因为这几年一直在关注这个问题，就是中国经济不差钱，不差人，也不差市场，但是为什么我们创新的短板很多？我们在数量上可以搞上去，但是为什么质量上不去？到底是哪方面的原因？我认为这有个组织方式的问题。换言之，就是我们的制度和组织层面的问题，使中国创新的潜力没有发挥出来。从这些年我们创新的结果来看，在数量上、形式上、规模上的创新都不错，但是为什么在质量上、实质上、颠覆性的创新上都显得不够，这个原因到底是什么？

美国学者埃德蒙·费尔普斯讲，创新的组织方式有两种：一种是自上而下的组织方式；另一种是自下而上的组织方式。所以我想从创新的两种组织方式去找一下原因。他认为自上而下的创新从来没有成功过。这个判断是不是有点武断是可以讨论的。

我国这些年的经济和产业创新发展大多采用了自上而下的组织方式。这里我们把两种创新组织方式比较一下：

第一，自下而上组织方式的创新源于市场需求。在英国也好，美国也好，市场需求拉动的创新至少70%以上。而自上而下的创新就是政府决策和按政府的战略发展产业。那么，政府是如何发现这些市场的需求的？如果不能发现市场需求，那么政府做出创新战略的依据是什么？自上而下的组织方式会有三种选择：一是重点发展国防重工业、航空航天等，如苏联、东欧国家就是这样选择的，它们不首先发展民生产业。二是在经济追赶阶段政府可以根据国外同类产业和技术制定发展战略，从而模仿创新。三是通过专家集体智慧来制定政策。关于这方面哈耶克分析得很清楚，他把知识分为两类：一是分散知识、分散信息；二是专家信息、专家知识。我们用专家信息、专家知识来代替分散信息、分散知识来发现市场需求是难以成功的。在工业革命后，科技创新成为国家社会发展的重要动力，很多政府都尝试将创新作为工程项目大力开发，可大多不尽如人意。最近看到科技部准备取消直接管项目的做法，就是委托第三方或者社会来进行项目投资。这与过去政府直接管相比是一个进步，但能不能从根本上解决问题还需要观察。

第二，自上而下创新组织方式倾向于创造关系导向的惯例而不是市场导向的惯例。现在都是政府部门选择谁来创新，从大学到产业都是一样的，它事先筛选，所以必须倡导关系导向而不是市场导向的。所谓关系导向，就是政府选择谁来创新，而市场导向就是谁行就谁创新。像电动汽车，美国也搞补贴，我们也补贴，但是二者完全不一样。我们是直接补贴为主，一个电动汽车补贴5万到6万，美国是任何企业都可生产电动车，是税收减免，你卖了不收你的税，所以它是市场导向，我们是倡导关系的，各行各业都是倡导关系的。这种自上而下的关系导向就容易把许多产业发展和创新搞成举国体制。这种事先通过关系导向来选择创新主体的做法容易把真正有创新能力的主体筛选掉。建立在这种关系导向的创新体制有三大问题：一是我们很难选出真正的创新者，这有可能把真正的创新者淘汰掉。二是在选择谁是创新者的过程中有可能导致设租—寻租，从而不利于创新社会氛围的形成。三是我们不能建立一个有效的创新考核机制。这会导致钱投资了，但是没什么结果。有研究认为，我们的专利中50%—80%是垃圾，为什么有这么多垃圾专利？就是与这种自上而下的创新组织方式有关，立项后要结项，怎么样结项？申报专利最简单。

第三，谁是创新的主体？这两种创新模式的重要区别是创新的动力来自何处，也就是要把创新的激励机制搞对。自上而下的创新组织方式是我要你去创新，而自下而上的创新组织方式是我要创新。有三种创新投入方式，最成功的就是美国模式，那就是市场经济加风险资本加中小企业。科尔奈研究发现，近百年世界87项原创性的革命性发明，以苏联为代表的计划经济体制国家在87项中只有一项，即人造橡胶。而86项都是以美国为代表的市场经济国家发明的，而这其中美国又占85%。所以撒切尔夫人讲过，近现代为什么欧洲经济搞不过美国，关键就是美国的风险资本太发达。后来欧洲也学美国搞风投，但是它没有学到家，是政府主导的风投，还是一种自上而下的组织方式，而不像美国是企业或个人。所以为什么我们创新投资并不少，却不能产生革命性结果？这与资源的组织配置方式是有关的。

在我国，国有企业占整个产业的半壁江山。中美贸易摩擦焦点是服务贸易，我们为什么服务业放不开？为什么制造业可以放开，因为制造业只有10%是国有企业。而服务业里70%—80%都是国有企业，这个领域我们不敢放开，竞争不过别人，所以这个地方也是与自上而下的组织方式有关。

最后，我国创新从自上而下的组织方式转变到自下而上的组织方式的障碍到底是什么？这涉及四个方面：第一，长期以来我国的科技体制是建立在政府目标追赶和举国体制优势基础上的。这个在经济追赶阶段是必要的，但是在我国高质量发展和自主创新阶段，必须要从自上而下的组织方式转变到自下而上的创新组织方式上来。第二，以市场换技术发展战略。这些年来我们注重技术引进，但不注重相应的组织和制度变革，我们只想市场换技术。由于只注重技术引进而忽视制度创新，对于一些产业，我们市场换出去了，但技术并没有真正换回来。最典型的是汽车产业，当时汽车产业开放只允许合资并且中方必须控股至少50%。从表面看这种制度设计是为了保护民族汽车工业，但其结果，一是不利于我国汽车产业技术进步。二是成为国外指控我国实施所谓强制股权控制的理由。三是模仿追赶路径依赖和后发劣势。模仿追赶已经成为一种习惯。因为我们的企业组织构架都是按模仿追赶设计的,所以现在自主创新反而不适应。如前所述,这些年我们只注重技术引进和学习而不注重制度创新和组织变革,从而导致后发劣势。四是创新组织模式转化利益集团的阻碍。我国经济是建立在资源重新配置追赶基础上的,一方面我国财税部门花很大力气把税费收上来,然后各个部委以不同形式分下去。从表面看,这有利于集中资源办大事,但这个过程一方面把市场信息价格破坏了,也把利益机制扭曲了;另一方面也不利于创新,尤其不利于革命性创新的产生。更重要的是,这种自上而下的组织方式会形成资源配置上的利益集团,他们习惯于从这种体制中获得利益最大化。因此,从自上而下的组织方式转变到自下而上的组织方式上来,关键是要打破利益集团的阻碍。

有人可能要问,自上而下的组织方式是不是代表中国产业政策就没有效果了,对关键性技术创新没有作用了?这里我们要分清到底什么是产业政策?日本、韩国、欧美和中国都有产业政策,但是我国的产业政策和它们的产业政策是有实质区别的。比如说电动汽车补贴,我国70%是直接补贴,而欧美国家许多是间接补贴(税收减免)。我国的补贴许多是人格化的补贴,而欧美国家和日本是非人格化补贴。我国的一些产业政策变为设租和寻租从而形成大量的非生产性租金,而日本、韩国等产业政策的支持也会产生租金,但那是生产性的,因为它们是建立在非人格化基础上的。另外,要把产业政策与创新的组织方式区别开来。我前面分析的是创新的组织方式问题,这与产业政策是不一样的,我国的产业政策及产业支持、产业补贴等是自上而下组织方式的实现形式。对自上而下组织方式存在问题的分析也适用于对我国产业政策的分析。我的结论是,中国要高质量发展、要自主创新、要让我国制造业升级,必须从自上而下的组织方式转变到自下而上的组织方式上来。

(作者单位:中南财经政法大学经济学院)

提高消费与实现高质量发展

陈彦斌

我国社会主要矛盾已经转化为人民日益增长的美好生活需要和不平衡不充分的发展之间的矛盾。面对社会主要矛盾转化的新时代，我国经济发展也要步入新的阶段。2017年12月底的中央经济工作会议明确强调，新时代的基本特征就是我国经济已由高速增长阶段转向高质量发展阶段。高质量发展是保持经济持续健康发展的必然要求，是适应我国社会主要矛盾变化和全面建成小康社会、全面建设社会主义现代化国家的必然要求，是遵循经济规律发展的必然要求。推动高质量发展是当前和今后一个时期确定发展思路、制定经济政策、实施宏观调控的根本要求，必须加快形成推动高质量发展的指标体系、政策体系、标准体系、统计体系、绩效评价、政绩考核，创建和完善制度环境，推动我国经济在实现高质量发展上不断取得新进展。

已有观点认为高质量发展的内涵包括更依靠创新驱动、更高的生产效率、更高的经济效益、更合理的资源配置、更优化的经济结构、更注重消费对经济发展的基础性作用、更小的贫富差距、更注重幸福导向、更注重防范金融风险、更绿色环保的发展方式等。在高质量发展的诸多内涵中，应着重关注如下六大突破口。一是，从要素驱动转向创新驱动。二是，提高资本质量和人力资本质量。三是，深入贯彻党的十九大报告提出的"完善按要素分配的体制机制""履行好政府再分配调节职能"等举措缩小收入差距。四是，防范并化解金融风险。五是，"高质量发展"要求增强人民的获得感、幸福感，因此需要优化财政支出结构，尤其要增加民生和社会保障支出。六是，治理污染，保护环境。

尤其需要指出的是，高质量发展无论用何种指标来衡量，最重要的标志是消费水平的高低。提高消费是实现高质量最根本、最基础、最重要的一个指标。

近几年来，"高投资—高出口"双轮驱动的发展模式愈发难以为继，扩大居民消费成为经济工作的重中之重。党的十八大报告明确提出"要牢牢把握扩大内需这一战略基点，加快建立扩大消费需求长效机制，释放居民消费潜力"。党的十九大报告不仅进一步强调要"完善促进消费的体制机制"，更是指出要"增强消费对经济发展的基础性作用"。由此可见，我国对于消费的重视程度达到了前所未有的高度。而消费的快速增长也确实成为新常态下我国经济的一大亮点，在经济运行中发挥了重要的"稳定器"和"压舱石"作用。2013—2016年，最终消费支出对GDP增长的贡献率持续攀升，从47%大幅提高至66.5%的21世纪以来最高点，超越投资成为推动经济增长的第一动力。

然而，2017年以来我国消费的增长动力明显减弱，突出表现为消费对GDP增长贡献率的下降。2017年最终消费支出对GDP增长的贡献率回落至58.8%，相较于2016年下降了7.7个百分点之多。不仅如此，我国消费还出现了其他一系列疲软迹象。比如，居民消费率（居民消费支出/GDP）未能延续2012年以来的持续上升走势，2017年下滑了1.1个百分点至38.3%，这也是近十年来居民消费率的最大年度降幅。又如，2017年社会消费品零售总额增速仅有10.2%，年度增速触及近14年来的最低点，而在2018年上半年该增速进一步下滑至9.4%的低位。

从居民消费升级情况来看，升级步伐虽在延续但有所趋缓，特别值得注意的是，部分群体的消费降级现象开始凸显。近年来，伴随着人均收入水平的不断提高，社会各界越发关注居民的消费升级情况。由于居民消费升级的核心是从以往物质消费为主的消费模式向服务消费为主的消费模式切换，因而一般是采用服务消费占居民消费比重来衡量居民消费升级步伐的快慢。如前所述，新常态下服务消费占比在持续攀升，已从2012年的43%上升至2017年的48.7%，这印证了近年来我国居民消费升级的大趋势。不过要注意的是，2017年服务消费占比仅提高了0.4个百分点，增幅比2016年减少了0.9个百分点，这也是新常态以来的最小年度增幅。由此可以推知，居民消费升级步伐虽然在延续，但出现了一定的趋缓迹象。

当前有观点基于榨菜与白酒中低价位的二锅头销量大幅增长等一些微观数据得到了部分群体出现消费降级趋向的结论，引起了社会各界广泛关注。要想更严谨地判断究竟是否有消费降级现象的出现还是需要通过宏观数据进行观察。更进一步地，由于消费降级的一个核心特点是居民从高品质消费向低品质消费转变，所以认为可以通过观察限额以上单位消费品零售总额占全社会消费品零售总额比重的变化予以判断。这是因为，限额以上单位是指年主营业务收入2000万元及以上的批发业单位或企业、500万元及以上的零售业单位或企业、200万元及以上的住宿和餐饮业单位或企业。相比于限额以下单位，这部分单位或企业提供的零售商品或餐饮住宿服务的品质一般较高。因此，如果限额以上单位消费品零售总额占全社会消费品零售总额的比重出现了明显下降，就很可能意味着消费者开始更多地选择较低品质的商品进行消费。计算结果表明，近几年限额以上单位消费品零售总额占全社会消费品零售总额的比重除了在2014年和2015年略有下滑之外，其他时间内一直处于相对较为稳定的状态，处于45%以上。但自2017年年底以来，在没有受到较大政策影响的情况下，该比重却出现了十分明显的下滑，截至2018年7月已经罕见地跌至40%以下。可见，部分群体消费降级问题已经不容忽视，这也是当前居民消费疲软的重要表现之一。

消费疲软原因有哪些呢？主要有三点。第一，居民部门债务对居民消费需求的抑制作用。居民债务率比重不高，但与新兴经济体对比还是偏高，而且上升速度偏快，过去五年就已经上升了将近20%。

此外，若改用家庭债务占家庭可支配收入来度量，这个比重就很高了。中国家庭可能是通过亲朋好友而非银行中介来借债，大量家庭有隐形债务，真实债务情况可能比我们想象得更高。

第二，房价上涨对居民消费的挤出作用明显。新增房地产贷款占每年新增人民币贷款的比重从2014年的28.1%大幅攀升至2016年的44.8%，达到该项指标有记录以来的最高点。2017年在房地产调控加码的情况下这一比重有所回落，但依然处于40%以上的高位。

第三，近两年我国收入差距扩大的原因由高收入群体收入增长过快转为中低收入群体收入增速下滑过快，由此使得收入差距对消费的抑制作用更为明显。按照收入基尼系数来衡量收入差距，确实过去连续多年已经开始下降了。但是，收入基尼系数是不是就能很好地刻画收入差距呢？这个是有争议的。因为收入基尼系数基本上没有把超级富豪统计在内，也没有把隐性收入准确统计在内。一个例证是，居民人均可支配收入增速（平均数增速）与中位数增速出现分化走势，尤其是2017年出现了中位数增速下降而平均数增速上升的情况。

怎样才能有效地扩大居民消费呢？主要有如下五点政策建议。第一，遏制居民部门杠杆率过快上升的势头，谨防通过居民部门加杠杆来刺激消费。第二，加快建立房地产市场平稳健康发展长效机制，让居民不再背负较重的购房与住房压力。第三，扭转中低收入群体可支配收入增速过快下滑局面，减轻贫富差距对于居民消费的抑制作用。第四，加快推进供给侧结构性改革，提高供给结构对需求结构的适应性，更好地释放居民消费潜力。第五，既要实施以降低宏观税负为主要抓手的积极宏观政策，又要加快市场化改革以推动增长动力的转换，谨防经济增速下滑导致消费疲软问题进一步恶化。

（作者单位：中国人民大学经济学院）

高质量发展新阶段的宏观经济稳定

常　欣

我想结合个人的主要研究领域，重点就宏观经济稳定政策如何顺应高质量发展阶段的新要求或者新诉求这样一个主题谈几点简单的体会。这个命题我也是刚刚开始思考和探讨，借这个机会提出来求教于各位同人。我想把主要观点归纳为"三个关注"和"三个重视"，即：第一，关注宏观政策目标的协调，重视市场预期的稳定；第二，关注趋势增长率变化，重视供给侧或者供给面管理政策的配合；第三，关注经济的异质性，重视结构性调控政策的使用。

首先，关注宏观政策目标的协调，重视市场预期的稳定。

谈到高质量发展阶段的宏观经济稳定政策，首先要回答的问题是政策的目标如何定位。

在国际主流的框架下，宏观经济政策目标一般是比较简化的。以货币政策为例，从应对经济周期波动的角度出发，主要是围绕价格稳定和产出稳定这样比较单一和集中的目标来展开。在所谓"神圣的巧合"（Divine Coincidence）的认知下，稳定通货膨胀与稳定产出缺口具有等价关系。于是，政策目标进一步简化，一些国家采用了通胀目标制，单一锚定物价目标。当然，2008年国际金融危机发生后，由于重新认识到金融因素对宏观经济运行的重要影响以及金融周期与传统商业周期的分化，对金融稳定的重视程度显著提升，金融稳定和经济稳定的双目标由此形成。尽管宏观经济政策目标又有所扩展，但相对来说还是比较有限的。

但中国的货币政策目标一直是比较多元的，可以开列一个比较长的清单。除了稳定价格水平、促进经济增长、推动充分就业、保持国际收支大体平衡四大基本年度目标外，也包含金融改革和开放、发展金融市场这两个动态目标，近年来还增加了实现结构调整的目标。这应该是特定阶段的特定产物。当然，在不同的宏观情境下，上述各个目标所呈现的重要程度并不相同，因此也会在实际执行过程中有所侧重。但无论怎样排序，在经济赶超阶段形成的对经济增长的特殊偏好，使得长期以来稳增长目标一直都处于绝对主导的地位。这是中国宏观经济政策目标中比较大的特点。

这样一种多元且有偏的目标体系会产生什么问题呢？通常来说，如果稳增长目标和其他一些目标具有一致性的话，或许矛盾并不突出。但当稳增长与其他目标无法兼顾、相互干扰的时候，可能很容易带来所谓的政策相机抉择倾向，进而在某种程度上影响社会公众预期的稳定。

事实上，20世纪60年代至今，在政府的宏观调控中，是要坚持"政策规则"还是要采取相机抉择，在国际学术界就一直存在着争议。客观而论，宏观调控在实施的过程中是可以根据经济运行的不同态势机动灵活地采取相机抉择政策，或针对新出现的某些问题进行必要的微调。但这种调整不宜过于频繁，否则会带来政策的不确定性，有损政策制定者的声誉。理论和实践均表明，政策的"时间不一致性"问题会导致市场参与者预期的不确定性，又进一步影响宏观调控的效果，人为加剧经济波动。

在中国经济从高速增长阶段转向高质量发展阶段后，伴随经济增长目标趋于淡化，稳增长作为宏观调控的政策目标之一，被赋予的权重可以适当调减。由此，在类似调结构、控风险等政策目标上的定力可以相应提高。

比如，在高质量发展阶段和实施结构调整的过程中，注意保持好稳增长与调结构的平衡尤为重要：既要防止增长速度惯性下滑，突破底线；又要提高对经济增速波动的容忍度，避免妨碍市场的正常出清过程。

再比如，稳增长与控风险的平衡与协调问题。高培勇副院长也提到，近来宏观经济政策做出了一些微调，社会上就有一种担忧，会不会是又一轮"大水漫灌"式强刺激，进而会不会又导致传统增长路径复归和旧有加杠杆模式再现？为什么会有这种担忧？是因为过去十年间我们有过三次全面"放水"的经历，每一次只要经济一减速，就重回举债投资刺激增长的老路，从而使杠杆上一个台阶。

在高质量发展阶段，一旦确立了防风险、去杠杆的政策方向，在经济形势没有发生大的变化特别是没有出现大规模的失业问题时，就应该允许债务清理机制持续发挥作用，相应容忍经济增长速度的适当下行，毕竟只有经历了短期的痛苦才可能换来更长期的繁荣。换言之，只有这样，在保持去杠杆政策相对稳定性和连续性的基础上，才可能实现政策灵活度与可信度的有机结合。

其次，关注趋势增长率变化，重视供给侧或者供给面管理政策的配合。

在宏观经济学的标准语境中，宏观经济政策属于需求管理的范畴，根植于以凯恩斯主义为代表的政府干预思想，认为在总需求（或总供给）受到冲击时，市场机制不能完全自行调节恢复均衡，需要政府通过经济政策积极进行调节才能实现社会福利最大化。由于这种干预行为是围绕一个稳态增长路径的周期性波动进行调节，侧重的是减缓短期波动影响，因此也被称为"稳定化政策"（Stabilization Policy）。

但我们需要考虑另一种情况，也就是长期增长趋势本身也容易受到各种内部和外部因素的冲击。特别是本轮国际金融危机后，全球经济也呈现"新常态"或"新平庸"（New Mediocre），无论是发达经济体还是发展中经济体，其潜在增长率（或趋势增长率）都会有所下降。相关估算表明，发达经济体的潜在增长率可能会降0.5—1个百分点，而发展较快的发展中经济体，其增速可能会下降1.5—2个百分点。于是，无论是发达经济体还是新兴经济体，都在对其各自的发展方式和经济结构进行深刻而痛苦的转型和调整。在单纯依赖凯恩斯主义的总量扩张型需求管理手段无法充分实现结构转型与优化的政策目标时，凸显以调整结构见长的供给管理手段逐渐成为宏观调控政策转型的大趋势。

中国经济同样面临类似的局面，近年来出现增速换挡并进入新的发展阶段，是双重因素交织作用的产物：既源于短期周期波动性因素，即需求面负产出缺口（实际增长率低于潜在增长率）的存在，又源于长期增长趋势性因素，即供给面潜在增长率下降，是两者相互叠加的结果。

从长期趋势因素看，一方面，与要素供给格局的阶段性改变密切相关，包括劳动力要素供给、资本要素供给、资源环境约束等；另一方面，在要素投入的驱动作用趋于下降的同时，全要素生产率（TFP）的驱动作用并没有及时补位，甚至有所弱化。在这种情况下，如果仅仅从需求侧着手，采取单一刺激性的政策思路，将无法完全对准矛盾症结，甚至可能加剧矛盾。因此中国进入新发展阶段，宏观调控思路需要做出适应性的调整。一方面，积极运用需求管理思想的合理成分适度扩大总需求，在利用需求侧政策对短期经济波动进行逆周期调节、将经济实际增速稳定在潜在增速附近；另一方面，应更加重视通过供给侧结构性改革来提高潜在经济增长率，挖掘内生增长动力，提高增长的质量和效率。在兼顾短期与中长期、需求面与供给面、周期波动与趋势变化、总量性问题与结构性矛盾、政策效应与改革效应的基础上，拓展宏观调控的政策视野。这也完全顺应和契合了后危机时代全球范围内宏观调控思维从需求管理向供给管理的重大转变。

最后，关注经济的异质性，重视结构性调控政策的使用。

传统意义上的宏观经济政策所面临的环境有两个基本的要点：第一，它是在一个市场体系比较完善的状态下；第二，它的经济同质化程度比较高，或者说经济处于相对均衡的增长路径当中。此时宏观经济政策基本属于总量调节的范畴，主要关注的是短期运行问题。但中国在进入高质量发展的新阶段，依然面临体制转轨和发展转型的艰巨任务。一方面从体制基础来看，我国的市场体系还不发达；另一方面从结构角度来看，异质性很强以及具有非均衡的增长特征。这就意味着标准意义上的宏观经济政策环境是不具备的。

由于结构性失衡的矛盾仍旧十分突出，宏观经济运行中存在的许多问题大都源于深层次的结构性因素。如不尽快解决这些结构性矛盾，将直接威胁到中长期经济增长的稳定性和经济发展的可持续性。特别是长期存在的国有经济与非国有经济、垄断性行业与竞争性行业、正规市场与非正规市场改革不同步、不配套的问题，依然没有破题。这种体制的二元结构和经济主体的异质性对基于总量和同质性调节的宏观调控政策也提出挑战。

在这种情况下，将偏于中长期的发展结构性问题纳入宏观经济政策体系成为必然的选择。完善宏观调控体系的着力点之一，就是如何构筑相应的政策体系，包括财政政策、金融政策等，为结构调整和协调发展创造一个良好的宏观环境。特别是如何看待以及如何运用宏观调控中的结构性操作，也就是基于结构性特点针对不同的部分实施差别性调控政策，是需要研究的。

过去几年，中国在结构性调控政策的应用方面主要反映在定向调控举措的实施上，也就是尽力规避全面刺激政策可能加剧的矛盾，着力提高政策的针对性。尤其在货币政策方面，利用结构性的工具，如通过定向降准，引入特定目的支农再贷款、支小再贷款、扶贫再贷款等差异化信贷政策，创设抵押补充贷款（PSL）为开发性金融支持棚户区改造、重大水利工程贷款、人民币"走出去"项目贷款等提供长期稳定、成本适当的资金来源，解决地方法人金融机构合格抵押品相对不足的问题，引导金融机构加大对实体经济部门重点领域和薄弱环节的金融支持力度，满足供给侧结构性改革中"补短板"和迈向高质量发展新阶段的要求。在这一过程中，还尝试建立促进信贷结构优化的正向激励机制，按照贷款投放余额或增量比例指标定期对商业银行实施考核，并根据考核结果对准备金率进行动态调整，以确保定向降准所释放的流动性能够精准瞄准"靶点"。

事实上，2008年国际金融危机以来，发达经济体的中央银行也在引入信贷宽松型（Credit Easing）货币政策工具，如美联储的扭转操作（Operation Twist）、欧洲央行的定向长期再融资操作（TLTRO）、日本央行刺激银行借贷便利（SBLF）和英国央行融资换贷款计划（FLS）等，通过引入激励相容机制，刺激金融机构的放贷意愿，提升其对特定行业或领域的靶向性支持，疏通货币政策传导机制。比如欧央行推出的"定向长期再融资操作"就试图将央行投放流动性操作与银行贷款行为相联系。欧央行发放的低息贷款规模与银行对欧元区非金融私人部门的贷款额（居民按揭贷款除外）直接挂钩，若银行在规定时间段内对实体经济的净贷款额未达到欧央行设定的门槛，则必须提前偿还这些贷款，以此强化银行出借资金的动力，提升银行对住户和非金融企业的定向支持。

作为传统上主要进行总量调节的货币政策，能够使用定向手段在支持经济结构调整方面发挥边际上和辅助性的作用，应该说是具有一定创新性意义的。但本质上，货币政策更多地针对总量调控，其结构引导作用是辅助性的。这是因为货币调控政策对应的是资金，其具有高度流动的特征，这就决定了对资金的定向流动进行监控，难度大且成本高。特别是对于存款准备金率这一总量调节型政策工具，若加以结构化运用，会存在一些问题，如数据的真实性可能出现问题；同时，准备金工具的统一性也会受到影响，容易产生套利的空间。

为了提高"瞄准"的精度，应更多运用财政政策手段的定向调节功能。根据经济学理论，宏观政策中的结构性工具更多体现在财政政策上，包括定向减税、减负和财政补贴等，可以通过政策的差别设计，实现对经济结构的调控。因此财政政策比货币政策更适合定向发力，其作用更加直接有效，受益的目标更加明确，偏离度相应减少。

当然，结构性财政政策也要讲求方式方法。比如，财政补贴政策方面需要引入良好的机制设计，其所依据的标准主要有三个：一是定向（Targeting）标准，最大限度地避免遗漏（将目标受益人排除在外）和扩大化（将非目标受益人包括进来）；二是成本标准，尽可能降低补贴的管理成本；三是效率标准，尽量提高与市场（竞争）机制的兼容性以及透明性。为此，可实施绩效基础上的财政补贴（Performance-based Aid）以及补贴的公开拍卖和竞标机制（Competitive Tendering or Auction）。前者将补贴与绩效表现联系在一起，也就是只有满足特定目标时才能得到补贴，由此可以提高补贴定向性。后者通过竞标或拍卖的方式将满足特定目标的义务分配给要求最小补贴额的竞争者，该方法需要的政府支出更少，同时基于市场竞争机制，也提高了透明性。

（作者单位：中国社会科学院经济研究所）

以改革实现有效率增长

杨晓维

我认为有效率增长与高质量增长其实是一样的,两者没有什么本质的区别。

我先说第一个问题,为什么搞供给侧改革,而不是刺激总需求?20世纪90年代中期前,中国经济面临的是"匮乏",或过度总需求,既有生产能力、总供给满足不了总需求。因此,当时努力扩大生产能力,增加供给。由于存在无限供给的剩余劳动力,故只要扩大投资,就等价于扩大生产能力。但过度投资又会进一步扩大需求,故经常性的问题是通货膨胀,近年来才提出产能过剩。其实从90年代中期以来,中国就从匮乏进入产能过剩时期。所以此后宏观经济政策的基调一直是刺激总需求、刺激消费、刺激投资、刺激出口。但是近几年出现了一个特殊情况,就是从1980年开始在机关事业单位进而在全国推行的计划生育政策,或"只生一胎"政策,导致2014年开始劳动力人口急剧下降。按照国家统计局2016年统计年鉴,2014年劳动力人口减少了1500万人,但2017年的统计年鉴公布的2014年数字又减少了400多万人。不管统计年鉴怎么变化,我们从那个时代过来都知道"只生一胎"政策必然导致劳动力急剧减少。考虑到这个政策逐步推进且现在独生子女的子女也开始进入劳动力市场,劳动力减少至少还会持续较长一段时间。现在鼓励生,也许再过十多年劳动力才会开始增加。但是在相当长一段时间只会下降,或者最多持平。

一个国家的生产能力不仅仅取决于资本存量,还依存于劳动力。

"产能过剩"这个说法我觉得不准确。如果是产能过剩,就是总需求不足,就需要刺激总需求。但是中央没有讲刺激总需求,而是叫"着力于供给侧结构性改革"。我认为,中国现在并不存在产能过剩或总需求不足,过剩的是资本存量。资本和劳动是基于现行技术、资本报酬率和工资率组合在一起的,构成现实的生产能力。仅有劳动力,资本不足,如90年代中期前存在大量的剩余劳动力,这并不构成生产能力。现在,由于劳动力突然减少了,似乎是意外减少,来不及调整生产函数或要素组合,资本相对于劳动多了,仅仅这些资本也不构成生产能力,过剩了。我国目前的短边是劳动力,现在总需求已经满足了短边要素,或劳动力所能生产的最大化产量,或劳动力这个短边要素所决定的潜在GDP,所以中国现在不存在总需求不足问题。增长率逐年下滑,并非总需求下滑。所以我不太同意刺激消费。

既然不是需求问题,增长速度放慢就来自供给方面。总供给或生产能力增长速度的不断下滑来自两个方面:第一,资源配置逐步趋于优化。中央文件多次谈到,党的十一届三中全会以前,中国的资源配置叫作极度扭曲。一方面,"重重工,轻轻工","重军用,轻民用",大量人民生活所必需的产品得不到供应,无法满足人民群众对基本物质产品的需要;另一方面,大量资源或生产要素不是在价格引导下进入能够带来更高产出的生产过程,而是配置在低效率运用这些要素的地方,降低了资源的产出。改革开放后,极度扭曲的资源配置状态开始逐步得到校正和优化,这叫"帕累托改善"。资源配置越是扭曲,帕累托改善空间越大,为我们带来了有效生产能力,或总供给的高速增长。然而,随着资源配置逐步优化,企业根据人们的需要进行生产,资源在价格引导下得到更有效率的运用,帕累托改善空间越来越小,有效生产能力、产能或总供给增长速度就会放慢。即使不存在总需求不足问题,由于有效供给增长放缓,经济增长也会放慢速度,也就是中央讲的增长"新常态"。美国平均每年增长率不到3%。如果资源配置完全优化,或者在完全竞争条件下，也就不可能通过改善资源配置获得生产能力的增长，而只能靠劳动力增加、投资增加以及技术进步才会增长。虽然中国目前的资源配置还没有实现帕累托最优，还存在很多问题，但改善空间越来越小了，所以增长下滑了。第二，我国的劳动力急剧减少成为约束生产能力的短边资源。虽然劳动力减少未必减少人均 GDP，但总量肯定是要受影响的。

第二个问题，我们经常说结构问题，这个结构、那个结构，并且通常将结构问题视为宏观经济问题。中国每隔几年就会出现结构失衡，这是个老问题了。隔几年，就要调整宏观经济结构。但特别需要指出的是，结构问题并不是宏观经济问题，而是经典的微观经济问题，经典的资源配置问题。或者说，结构与资源配置是等价的。产业结构问题不外乎某些行业资源配置多了，另一些配置少了；技术结构问题也是低技术多了，高技术少了；地区结构也是一样，一些地区资源多了，另一些地区相对少了。结构失调了，其实也就是资源错误配置了，或资源配置不合理。因此，结构问题是资源配置方式有问题，解决结构问题不能靠宏观调控，而是要改善资源配置方式，优化资源配置。

劳动和资本的结构或劳动与资本的比率也是重要的结构问题。由于中国在 20 世纪 90 年代中期产能就过剩了，故一直在刺激需求。刺激需求最重要的是刺激投资。投资是"双刃剑"，当期投资是当期总需求的一部分，但是下期就是资本存量的一部分。所以我们不断投资，资本存量不断增大。几年前，给在职人员上课，问你们市长、县长在忙什么，他们会异口同声告诉你：招商引资。地方政府怎么招商引资？无非是扭曲价格，降低投资成本。于是投资者使劲投资。刺激投资的政策既拉动了当期总需求，也扩大了未来资本存量。在有丰富剩余劳动力的条件下也就形成了更大的生产能力。但是，劳动力由于计划生育政策突然急剧下降，于是就有了劳动与资本结构的失衡。按现行技术形成的要素组合，部分资本得不到有效利用而"过剩了"。要调整这个结构需要一段时间，主要取决于市场对劳动价格和资本价格的敏感度。如果对劳动力价格、资本价格敏感，调整就快；如果不敏感，这个过程就比较长。最后强调一下，各种结构问题都是资源配置问题，资源配置问题是经典的微观问题，也是市场有效性问题。

第三个问题，中国要维持或者减缓增长速度的下滑，需要进一步改善资源配置，或优化结构。这需要改革，改革现有的资源配置方式，"让市场在资源配置中起决定性作用"。

关于改革，我只谈三点。第一，资源配置问题。市场机制解决结构问题、资源配置问题已经成为共识，也写进中央文件。要做到这一点，政府要真正履行党的十九大规定的公共服务职能、社会管理职能，不要再干涉资源配置。地方政府不要成为经营性政府，不要再招商引资，通过直接投资配置资源，调整结构。第二，政府要监管好市场。不要埋怨监管部门天天不好好干事，他们怎么干事？管严了，企业垮了怎么办？还要承担责任。企业想挣钱，监管部门的责任就是让他们合法合规地赚钱。违法违规赚钱就是没有监管好，是监管部门的责任。第三，政府的补贴、优惠等扭曲了投资成本和价格信号，于是盲目投资，过度投资。低成本的盲目投资带来结构性问题，过度投资则带来资本过剩。

最后，我认为只有在一个紧的宏观环境中才会有优胜劣汰，才会死掉一批企业，消除一批过剩资本存量，实现结构的调整，恢复结构均衡，优化资源配置。大家都不愿意让企业破产。但如果所有企业都不死，都活着，怎么优胜劣汰、怎么优化结构？由于劳动力减少，不存在普遍性失业问题。现在是让部分企业破产，实现"毁灭性"结构性改革、调整的最佳时期。

（作者单位：西华大学经济学院）

高质量发展与中美贸易摩擦

周 文

在经济研究所的大力支持下,近年来《经济学动态》影响力迅速提升、不断发展,如今我们可以明显感觉到《经济研究》与《经济学动态》双龙共舞,共同支撑起整个经济研究的大舞台,我们也深刻感受到近年来经济研究所立足于打造中国政治经济学研究高地的战略意识。因此能参与其中研讨,自己感到十分荣幸。

谈高质量发展为何要谈中美贸易战?我想就经济学话语切入。党的十九报告指出,经过长期努力,中国特色社会主义已进入新时代,这是我国发展新的历史方位。因此,今天我们看待任何问题、思考任何问题都必须置身于新时代的大背景下。所以我们谈论中国经济的高质量发展相较过去的一个明显不同就在于:过去中国经济的发展只需要看到自己的问题和自己如何努力,而今天在进入新时代的背景下,处于经济发展高质量阶段的中国经济所面临的挑战不仅是国内的更主要是国际上的,包括国际上对我们的关注和挑战,比如今年上半年引起全球关注的"中美贸易战"。实际上"中美贸易战"中美国对中国所采取的遏制或阻击的一系列行为更多的是指向中国经济高质量发展。但是,我们很多经济学者没有认识到这一点。比如有的学者认为"中美贸易摩擦"暴露了中国经济发展存在很多问题,同时认为中国应该退让,不应该只顾眼前的进退得失、以眼还眼、以牙还牙,而必须做出让步、达成妥协。我认为这一观点显然没有充分认识我国当前所处的经济高质量发展的新时代背景。就"中美贸易摩擦"来看,其表面呈现的是贸易纠纷,但实际是美国想要遏制中国经济的高质量发展。

2018年上半年以来，我也一直关注"中美贸易摩擦"并多次发声，美驻上海领事馆发邮件向我提出了三个问题：第一个问题，如果西方发达国家切断对中国高端技术的供应链，中国的2025还会成功吗？你的意见是什么？第二个问题，林张之争？你赞成谁？理由是什么？第三个问题，市场推动经济发展和政府推动经济发展，两者各自的规律和理论支撑是什么？显然，通过第一个问题即可看出"中美贸易摩擦"中美方关注的关键核心问题不是许多经济学者们所看到的贸易的问题，而实际上关涉以"中国制造2025"为代表的中国关键性技术和颠覆性技术的崛起，因为一旦"中国制造2025"取得成功，就意味着我国不再仅仅停留于经济总量的超越，更为关键的是将会在关键性、颠覆性技术领域超越美国，显然这是美国尤为担心的。所以，今天我们看待中国经济的发展应当更注重用全球的视野、新时代的视野，这也应是当前探讨经济学问题的重要出发点。

第二，我们从美国对"中美贸易摩擦"的说法和系列表述中不难得出启示：中国经济学理论需要从中国发展经验中提炼规律性认识。现在学术界有种声音认为我国今天的发展还没进入足以提炼经验以及规律性问题的阶段，因此不主张从我国的发展经验中提炼规律性认识。实际上这就涉及我国当前经济学理论中的一个重要问题，即什么是经济学？其实经济学是来自经济的，没有经济是不可能有经济学的，只有寓于经济成功中的经济学方能真正强大，但是至今国内还有种声音认为，世界上只有一种经济学，那就是西方经济学，这是一种误导，也是一个重要问题；同时，国家强大需要经济学理论的支撑，特别是一个大国，国家发展必须要有完整的经济学理论及体系支撑发展，否则不可能有经济持续发展。国家要强大，特别是一个大国，经济学理论不强大，比如像印度，为什么做不大？日本为什么在经历过短暂的辉煌之后也不能继续保持原有的经济增速？主要问题就在于在经济学理论层面没有自身完整的体系，而只是盲从于西方主流，总是在围绕别国的主流理论或者简单化移植西方道路或西方经验。所以我一直在讲，今天我们要回过头来认真总结改革开放40年的经验，进而认真思考如何将改革开放的经验提炼、提升为系统化的理论。因为任何理论都是来自实践，来自实践的经验总结，西方主流经济理论都是来自西方经验。现在总是有人认为它们是放之四海而皆准的真理，我们只能学习和模仿，中国没有能力构建起自己的理论体系，用这样的判断自然无法得出一个正确的结论。事实上，改革开放以来已充分证明，西方理论无法检验中国实践，因为用西方的理论看待中国，看到的一定是问题，看不到成绩。若根据这样的观点来进行判断，我们自然就不可能得出属于自己的正确理论。

在"中美贸易摩擦"中，美国的所作所为是反西方理论的，对此可以从经典理论中探求对现实的更好解答。亚当·斯密的《国富论》里有很多内容都很好地契合了当下中国发展，特别是当下中国与美国贸易中的现实。比如斯密提到：第一，"关税的政策只能招来报复，你对我的关税会催使我用更大的关税报复你"；第二，关于国际贸易认为"自由贸易的理论只有富国与富国之间才能使一个国家更致富，富国与一个未开化的民族、野蛮的民族之间得不到任何利益"，"实行门户开放与允许自由贸易的国家和都市不但不曾因自由贸易而灭亡而且因自由贸易而致富"。因此，从经济学理论来看当前美国对中国经济问题的种种指责是显然没有道理的：第一，中美贸易之间呈现美国逆差和中国顺差的情形，美国为了改变这一情形认为这种贸易是不公平的，当年之所以主张中国应该加入WTO，美国的设想是中国只是原材料供应的基地，同时中国也将为美国产品提供广阔市场，然而中国加入WTO后成为世界工厂，这是美国意想不到也不愿接受的，因而美国如今又由主张自由贸易转为主张公平贸易，认为当前贸易不公平；第二，前两年美国指责中国的国有企业没有效率，现在发现中国的国企有效率后又指责中国国企太多，认为国企太多带来中美之间的竞争不具有公平性，因此中美的贸易要改变所有制结构，中国必须私有化。美国在2018年7月的WTO会议上又提出中国是一个非市场经济的国家。实际上这一系列的说辞表明理论是为国家发展服务的。因此，有种说法，不要相信美国人说的，而是看美国人怎么做。踢掉梯子是西方惯用的伎俩。

第三，关于"中美贸易摩擦"与经济学的话语体系问题，面对今天中国经济发展的国内外实际，中国经济学要有自己的话语体系与理论。通过中美贸易战，我认为今天我们面临的一个问题是如何构造中国经济学话语体系，我们要在中国改革开放40年成功经验的基础上来构建我们自己经济学的独立体系，而且这个体系更多来自中国经验的总结。对于研究经济史和经济思想史的学者，建议不要只关注明清，而更应该多关注改革开放的40年。从中国经济改革开放40年的伟大实践中提炼经济学的新元素。总结中国改革开放40年的经验，现在不是需要更多经济学的实证，而且在总结历史经验方面恐怕不是实证的强项。我不是一味地反对实证，实证有其擅长的方面，但是实证不能滥用，也不能太泛。因为中国改革开放40年的伟大成就已经得到全世界认可，达成共识。今天中国经济学发展更需要的是思想和理论，需要尽快形成经济学的中国理论。

第四，针对中国经济学得不到承认、中国经济学理论得不到认可的现实，中国经济学更应该有自己的世界胸怀和全球视野。以国内经济学颁奖为例，建议不能只颁给国内学者，也应结合具体情况考虑研究中国经济问题并做出理论贡献的国外学者，彰显中国经济学的世界胸怀。今天中国经济学为什么得不到承认，中国经济学的理论为什么得不到认可，我认为在于现在中国的经济学奖项不具备国际视野，无法扩大世界影响。因此，建议国内经济学奖应该颁给更多国家的经济学者，从而扩大其影响。

（作者单位：复旦大学中国研究院）

结构性去杠杆中的几个问题

潘　敏

经济高质量发展必须建立在稳定增长的基础上，而经济的稳定发展，一个稳定的金融系统或者稳定的金融环境是其前提。正是因为如此，从 2016 年开始我们在实施供给侧改革的过程中，推进了"三去一降一补"。其中，去杠杆是很重要的一个方面。经过近两年的努力，去杠杆取得了一定的成效。2018 年以来，随着国内外宏观经济形势的变化，去杠杆由全面性去杠杆进入结构性去杠杆的阶段。2018 年 4 月的中央财经委员会第一次会议明确指出：要以结构性去杠杆为基本思路，分部门、分债务类型提出不同要求，地方政府和企业特别是国有企业要尽快把杠杆降下来，努力实现宏观杠杆率稳定和逐步下降。因此，按中央的要求，结构性去杠杆的重点是地方政府和企业特别是国有企业的杠杆。去杠杆工作由全面去杠杆向结构性去杠杆的转换，意味着决策层考虑到了我国不同经济部门杠杆的结构性差异，在推进结构性去杠杆的同时，避免"一刀切"式的去杠杆带来的误伤。因此，关于"结构性去杠杆"，我认为，从研究的角度来看，应该关注以下三个方面的问题。

一　如何理解结构性去杠杆

近两年来，在防范和化解系统性金融风险，守住不发生重大风险的总目标下，经过金融监管部门的强监管，影子银行、各种表外非标业务等金融乱象得到了有效整治。经济体系中金融部门整体的杠杆有所下降，金融资源"脱实向虚"的势头得到了有效遏制。但是，从整个宏观经济领域的流动性来看，总量的流动性充裕与结构性的流动性不足的矛盾仍然存在。从总量来看，尽管2017年以来我国广义货币供应量的增速不断下降，但M2/GDP这一反映社会总体流动性水平的指标仍呈不断上升的趋势。那么，在全社会总体流动性水平高度充裕的金融环境下，推进结构性去杠杆就涉及两个方面的问题。第一，从静态来看，在总量的社会流动性水平不断上升的情况下，通过结构性去杠杆将国有企业和地方政府部门的杠杆降下去，是否会导致其他部门，如家庭部门杠杆率的上升？而其他部门杠杆率的上升是否有利于宏观系统性风险的化解？或者说是否会加剧潜在的系统性风险？我想，这是在推进结构性去杠杆中应关注的第一个问题。第二，从动态的角度来看，可以通过优化国有企业和地方政府的资产负债结构来达到结构性去杠杆的目的。比如，对于国有企业，可以通过增加资本、扩大资产规模或优化资产结构来实现去杠杆的目的。但是，在国有企业总体的杠杆率较高、负债规模较大的情况下，国有股股东是否有足够的资金为国有企业增资？国有企业进一步扩大资产规模是否会导致其进入一些竞争性领域与民企竞争？优化资产结构短期内能否实现？等等。这些问题都需要在结构性去杠杆的过程中予以充分的考虑和研究。

二　如何理解和看待近年来家庭部门杠杆率的变化及其影响

如何理解和看待近年来家庭部门杠杆率的变化及其影响与结构性去杠杆紧密关联。2018年以来，家庭部门杠杆率的变化引起了社会各界的广泛关注。对于这一问题，学术界主要有两种观点。一种观点认为，尽管2017年年底我国家庭部门的杠杆率已达到48.4%，但相较于主要经济体61.2%的平均水平尚有加杠杆的空间。而且，在当前推动经济由传统投资和外需拉动的增长向以消费为主的内生性增长转型过程中，家庭加杠杆有利于扩大消费，促进经济转型。同时，从结构性去杠杆的角度来看，家庭部门加杠杆有利于降低储蓄，从而有利于降低企业和其他部门的杠杆。然而，部分学者认为，中国家庭杠杆的形成、结构及变化有其特殊性，不能以发达经济体的杠杆率作为标准来评估其高低。判断部门杠杆率合理与否不在其杠杆水平，关键在于其上升的速度和结构。由于近年来我国居民部门杠杆率上升速度较快，且城乡及区域之间存在较大差异，所以，中国居民杠杆率已超过正常水平，对消费的刺激作用有限，且存在较大的潜在系统性风险。就我看来，这里主要涉及如何理解和看待家庭部门杠杆率变化的趋势、杠杆率变化对消费和系统性风险影响的问题。

从数据来看，2008年以来，我国家庭杠杆率的上升速度确实较快，从2008年17.9%上升至2017年的48.4%。从结构来看，在家庭部门的负债中，个人住房贷款占家庭负债的比例一直高达52%以上，且城市居民家庭的杠杆率高于农村居民家庭。就理论和历史经验而言，一国家庭部门杠杆率的形成及变化受多种因素的影响，如经济发展水平（包括人均收入水平）、城市化进程、金融深化程度、居民消费的时间偏好等。其中，从家庭负债作为一种金融活动的角度来看，金融深化程度、城市化进程及居民消费的时间偏好将对家庭杠杆率的变化产生重要的影响。近期，我们关注到一个有趣的现象，2008—2017年家庭部门杠杆率快速上升，我国的金融深化程度和城市化率也有了快速的提升。2008—2017年，我国金融深化率（M2/GDP）也由2008年的1.51上升至2017年的2.04，城镇化率由2008年的45.68%上升至2017年年底的58.52%。那么，近年我国家庭部门杠杆率的上升除房贷、消费信贷增加外，是否存在一个随着金融深化和城市化进程加快而上升的内生过程。如果这种判断正确，那么，我们在分析家庭部门杠杆率快速变化时，就要考虑这种内生变化的影响。同时，还要预期到未来随着我国金融深化的加深和城市化程度的进一步提高，家庭部门的杠杆率可能还会上升。

就家庭部门杠杆对消费的影响来看,关注较多的是家庭杠杆对所谓的"消费降级"的影响。2017年,我们做了一个基于中国家庭微观调查数据的家庭杠杆对消费影响的研究。结果表明,短期内,家庭部门加杠杆可能对消费有正向影响,但长期来看,由于家庭负债后所面临的偿债压力和再融资约束以及中国居民长期以来对债务的厌恶心理,家庭杠杆对消费的总体影响是负的,而且,也不利于当前经济向高质量发展中的居民消费结构升级。

从家庭杠杆与系统性金融风险的关联来看,现有研究均已表明,与其他部门杠杆率的上升相比,家庭部门杠杆的上升更容易引发系统性风险。特别地,如果在一定时期内,家庭部门的杠杆率快速上升,更容易诱发系统性风险。原因在于,家庭部门杠杆率的上升往往与房地产市场的泡沫有关,而房地产同时具有虚拟经济和实体经济的属性,连接着金融市场和实体经济。由房价下跌引发的家庭部门去杠杆更容易引起"债务—通缩"式的系统性风险。

因此,在当前,我们既要认识到,近几年家庭部门杠杆率的快速上升,可能有其合理的一面,又要认识到,从家庭债务对消费和系统性金融风险的影响来看,控制家庭部门杠杆率的上升应引起宏观调控部门的高度重视。

三 如何处理稳增长与结构性去杠杆的关系

针对2018年上半年我国宏观经济面临的国内外经济环境,中央提出了"稳就业、稳金融、稳外贸、稳外资、稳投资和稳预期"的"六稳"宏观调控政策方向。毫无疑问,中央基于当前我国经济发展面临的复杂的内外部环境提出的"六稳"方向是正确的。在"六稳"当中,稳就业、稳外贸、稳外资和稳投资都是为了稳增长。从具体的政策措施来看,强调了要进一步发挥积极财政政策的作用,加快对中西部基础设施建设的投资,以发挥补短板的作用。最近,财政部专门发文,要求各地方政府加快2018年1.2万亿元地方政府债的发行速度。这样一来，就提出了一个问题：如何处理好稳增长和结构性去杠杆中地方政府去杠杆的关系？

就 1.2 万亿元地方政府债而言，如果仅用 1.2 万亿元地方政府债发行筹集的资金来推动地方基础设施的建设，并以此拉动其他领域投资的增长，就全国整体而言，作用是有限的。长期以来，我国地方政府基建项目的资金安排，财政资金往往是铺底的，真正的项目实施及其后续资金则主要依靠银行信贷资金配套。也就是说，会出现一个财政金融化的过程。在财政金融化的过程中，地方政府会通过各种融资平台或政府基金带来大量的银行信贷资金的投入。表面上看，融资平台或政府基金引入的银行信贷资金并不属于地方政府债务，但实际上仍是地方政府的隐性债务。这样一来，就有可能导致地方政府债务的反弹，从而，结构性去杠杆的目标就有可能会落空。2008 年的财政刺激计划实施的过程就是一个典型的财政金融化的过程。当时，财政刺激的计划规模是 4 万亿元，但实际上最后财政资金投入的实际规模并没有达到 4 万亿元，在 2008 年年底和 2009 年年初大约只有 1 万多亿元。但是，这 1 万多亿元的财政资金就带来了 2009 年近 10 万亿元的信贷资金的配套投入，从而给后续多年的经济增长和金融发展带来了一系列的问题。

因此，我认为，在保增长的同时，仍要进一步推进结构性去杠杆工作。特别是要严格约束地方政府通过发债来扩张银行信贷的行为，否则，会进一步压缩推动经济高质量发展的宏观调控空间。现在回过头来看，2008 年的财政刺激政策虽然达到了稳增长的目的，但也确实导致了经济新常态下宏观调控空间的缩小。因此，如果重启 2008 年财政刺激政策中"财政启动，银行信贷跟上"的模式，未来经济高质量发展和宏观调控的空间就会越来越小。

（作者单位：武汉大学经济与管理学院）

现代化与高质量发展的制度适应性

袁富华

近期，我对一些理论和历史的认识进行了综合。下面说三个要点：

第一个要点，现代性的三个制度基础。现代性或现代化是社会科学理论研究的一个重要议题，可以看作工业化和城市化的发展。关于现代性，我们倾向于强调两点，一个是服务业主导和服务业结构升级，另一个是消费结构升级，可以看作高度现代性的标志。现在我们进一步对它进行解析，综合经济学理论和社会学理论的一些主要认识，寻找现代性的理论根据。我们认为，现代性有三大制度体系构成：第一个是创新组织体系。这个创新组织体系一直是经济学研究的主题，包括市场和政府功能发挥作用的一整套规则、资源和机制。第二个信息制度体系。这一居高度现代性核心地位的体系，是社会学的前沿理论成果，刚才的演讲中，有篇论文对信用问题进行了很好的分析，这里的信任体系包括三种——信用、信心和诚信发挥作用的规则、资源和机制。第三个是风险防御体系，现代性的重要特征，针对内生于创新组织体系和信任体系中的不确定和风险问题。通过创新的组织和信任规则的建立，通过前面两个体系的建设、健全来实现宏观经济稳定和长期经济社会发展。这是我们理解现代性或现代化的总体框架。

为什么要立足于三大制度体系的相互作用进行理解？创新组织体系主要涉及生产和供给；信任的制度体系在结构服务化主导下，主要指的是消费及其与企业和政府的联系；风险防御体系解决稳定问题。在这个框架下，既有宏观又有微观，既有长期又有短期，这样可以抓住现代化问题的本质。但要特别提醒一下，有人说经济学的研究很难涉及社会文化问题，但是可以从社会学研究中借鉴一些很好的思路。社会学研究中，文化分析大多是从消费角度考虑的。从消费角度考虑文化，社会学理论得出了丰富的研究成果。信任也主要从消费角度考虑，在服务业主导发展的情境下，在城市化过程中，信任基本上指消费者信用、企业诚信以及个体与政府的信任关系，等等。其实，这就是消费的理论基础，从这一角度出发来分析信任的制度体系问题——特别是金融市场、消费者行为、消费者与生产者的关系，就可以与经济理论结合起来了。这是在城市化时期如何分析信任和文化的一个建议性思路。信任是社会的最重要的文化。放在三个制度体系的相互联系中看，其重要性一目了然。

我们现在提高质量发展和经济转型，其实，在20世纪五六十年代，传统发展理论文献强调一个概念——就是再平衡。什么叫转型？老派发展理论家喜欢用经济社会再平衡这个概念，特别是罗斯托的经济发展阶段理论。再平衡是高度现代性的重要特征，目的是实现经济社会的高质量发展。美国经济史学家倾向于把生活水平提高和消费结构升级作为高质量的标志，20世纪50年代至70年代是发达国家公共服务支出迅速增加、财政支出制度完善时期，是发达国家高度现代性的转型时期。它们就是针对消费者生活质量和社会安全。高质量发展应该是这样定义的。

制度模式区分问题。左大培和裴小革老师有一本写得很好的书——《世界市场经济概论》——作为中国社会科学院研究生院教材。书中是这样说的，制度模式有两极，一个是美国的自由市场模式，一个是瑞典的福利国家模式，分布中间的是各种各样的模式。这些模式之所以能够区分，是基于政府干预程度大小。但我想强调的是书中关于信任分析的内容。社会制度模式方面，美国具有较好的个人主义和诚信的历史，所以信任的制度体系在美国有很好的基础。新加坡为什么采用法律规制的市场经济？是因为新加坡开始工业化的时候，受到传统文化的限制，经济社会中缺乏诚信，因此需要以法律规范强制信任体系的建设，以此保证创新和稳定。从这些制度比较出发，可以理解中国转型时期为什么强调法律和规则建设的重要性了，就是说，立法在城市化时期的强制建立，是为了三个制度体系的完善。在中国，如果要使诚信建立，生产消费行为规范，立法的重要性首先必须提出来。这是开放条件下制度收敛的内在要求，你不规范自己的行为，很难为国际规则接受。具体说一下：自由市场经济以美国、英国为代表，行政市场体制以法国为代表，法律市场体制以新加坡为代表，集体协调的市场经济以日本为代表，社会市场经济以德国为代表，福利国家以瑞典为代表。中国向什么模式收敛？我们强调两点，第一点是模式的共性，市场经济；第二点是模式的特殊性。中国处在转型时期，关键是信任体系的建设。这是收敛的要义。现在，制度模式的比较研究很多，对我们很有启发，特别是日本1990年之后的制度变革文献。如围绕日本是独特的市场体制还是制度收敛问题，争论了近30年，直到现在还在继续。

制度适应性问题。制度适应性是什么概念？发达国家转型时期是怎么适应的？有两个阶段。第一个阶段是第二次世界大战之后，这一段最值得我们研究。以美国为代表的发达国家，这个时期发生了财政社会保障体系完善和制度化，这是发达国家实践对现代化理论贡献最大的地方。第二个阶段是20世纪80年代之后，在这一阶段发达国家公共服务支出制度化建设基本完成。最为引人注目的是财政制度的适应性调整和财政支出的制度化。财政收支一定要有制度，要有法律规范。因为，公共服务支出已经变成长期化和日常化的了，所以，20世纪80年代之后，美国的财政政策作用就受到限制了。尤其是，社会保障体系和高等教育的发展，这个时期才提及真正的公共服务。对于高等教育的理解，我强调一点，不要把教育和人力资本的提高，单纯理解为教育年限或单纯理解为教育普及率，这里还要分一下，怎么分呢？美国大学生的普及率达到47%左右，德国是20%—30%。据此认为德国的高等教育程度不高就错了。在这个时候怎么比较呢？把大学的普及率和教育年限综合起来比较，就会发现德国的人均教育年限比美国都高,这时候大学生的比例少,教育年限高,说明什么?说明在职的高等培训年数长了,所以说研究教育的时候一定要这样研究。第二次世界大战后,随着技术复杂性和对创新需求的提高,以美国、德国为代表的发达国家,在高等教育和技能培训体系建设方面成果卓著。我们现在缺的是这个东西,没有15到20年,不跨过高等教育和高级人才培训这道门槛,想实现高质量,那是不可能的。整体人力资本环境和劳动者文化素质,提供了创新的环境,要么是高等教育水平比较高,要么是很好的培训环境,这是创新的条件。

中国经济大转型与社会再平衡问题。转型就是再平衡,怎么再平衡?经济再平衡大家很熟悉,就是内外平衡、投资效率平衡,但是,还有一个转型问题,就是经济和社会再平衡。经济和社会再平衡的最关键因素就是消费结构升级。通过消费把经济学和社会学联系起来,它本来是不分的。研究发展问题必须以综合眼光来看,这是我个人对发展研究的看法。中国大规模工业化奉行的是传统结构主义模式,我们都很熟悉了,它导致了各种各样的结构扭曲。我们发了几篇文章,强调传统结构主义扭曲的表现,就是制度硬化症和干预失败。1956年,日本有句名言——"这已经不是战后"。战后恢复的时候,日本偏向于熊彼特理论,创造性破坏,而不是比较优势。当时日本企业提的口号是生产世界一流产品,这就是一直到现在,他的产业竞争力那么高的原因。日本产业理论的核心就是产业结构升级和创新。如果有兴趣可以回过头去看看历史,特别是日本经济政策史。我们目前遇到了类似于日本20世纪80年代中期以后的制度硬化症,就是因为原有干预的制度硬化了,不太适应新形势了,必须通过深化改革增强弹性,这是自然的逻辑。

下面我再提一个要点,这是我们的文章经常提及的认识,即工业化仅仅是工业化,工业化和经济结构服务化是两个不同的生产函数,如果有兴趣可以参考一下就不多说了。需要强调的是中国转型时期遇到的两个最重要的问题。第一个是逆生产率,脱实向虚。这是原有的政策在城市化过程中不适应的表现。第二个是消费结构逆城市化。城市化过程保持健康发展的关键是消费结构升级，但是中国却把消费结构长期抑制在衣食住行等基本消费层面上，科教文卫消费跟不上去，这叫作消费结构的逆城市化。美国的科教文卫消费大概是45%左右，韩国也突破30%了；中国的三个制度组织问题未来均与此有关。中国的制度适应性和制度弹性发生了问题，特别表现在转型时期，那种短期的宏观调控政策不灵了，根本问题在于发展模式重塑。高质量发展，制度改革深化是根本。这就是十九大以来为什么那么强调深化改革的根本原因。

（作者单位：中国社会科学院经济研究所）

居民收入差距与经济高质量发展

罗楚亮

推动高质量的经济发展,是新时代经济发展的新思路与新要求。对高质量经济发展的理解,通常侧重于"效率"的角度,也就是如何提高全要素生产率、降低对环境的过度损耗和能源的过度消耗而又实现产出的增长;而较少地关注其"公平"的意义,也就是分配结构对于经济发展质量的影响,以及高质量经济发展所应当具有的分配意义。而事实上,在经济发展过程中,无论是作为经济发展的动因还是结果,收入分配的结构特征及其变化都是至关重要的议题。

一 我国经济高速增长时期的收入差距变动

经济高速增长和收入差距持续扩大,构成我国经济转型中的两个"特征事实"。人均GDP从1978年的385元上升到2017年的59660元,扣除价格因素,2017年人均GDP是1978年的23.8倍,年均增长率达8.47%。大致相同的时期内,收入基尼系数也在快速上升。按照国家统计局历年住户调查数据,收入基尼系数从1981年的0.31上升到2017年的0.467,每年大约增加0.4个百分点。我国从经济转型之初的平均主义盛行状态进入收入差距较大的国家的行列。一些其他来源的住户调查数据,通常会给出更高的收入差距估计结果。经济高速增长和收入差距持续扩大,这两种现象的并存,对我国社会经济发展造成了复杂的影响。对两者之间的内在关联性,也有不同的看法,并且影响着公共政策的走向。总体而言,对于我国经济增长和收入差距变动,主要存在两个方面的问题。一是收入差距是否是经济增长的推动力;二是经济发展过程中,收入差距变动是否存在某种"定律"。

1. 收入差距对经济增长的影响

尽管关于收入差距的变动已经有大量经验研究,但通常都是以收入差距作为被解释对象的。对于诸如我国收入差距扩大对于经济增长是否产生了积极的激励效应之类的问题,相应的经验研究并不多见。针对我国收入差距如何影响经济增长的经验研究主要有以下一些文献。陆铭等发现1987—2001年,城乡收入差距对于投资的累计效应为负,从而对经济增长也具有负效应。王少平和欧阳志刚发现改革开放初期(1979—1994年),城乡差距有利于经济增长;此后阶段(1995—2004年),城乡收入差距扩大不利于经济增长。钞小静和沈坤荣发现城乡收入差距过大不利于农村居民的人力资本投资,从而对长期经济增长产生不利影响。罗楚亮和陈国强根据城镇住户调查数据构造了多个省份内部收入分配指标,根据随机前沿生产函数,发现城乡收入差距对于技术效率总是具有不利效应,而城镇内部收入基尼系数在经济转型初期(1986—1993年)促进效率改善,此后则没有显著影响。如果分别以90与50分位点对数收入差和50与10分位点对数收入差来表示收入分布的高端不平等和低端不平等,则这两类收入差距对于1986—1993年的技术效率具有促进效应,而此后时期则没有显著效应。从性别差异、行业差异、教育收益率以及收入函数中的不可解释因素这些收入差距的具体形成机制来看,只有教育收益率对于技术效率具有显著的促进效应,而其他因素的效应要么是不显著的,要么具有不利效应。

上述经验研究结果的基本含义是,我国收入差距对于经济增长的积极效应,最多也只可能存在于某个特定时期;适当地缩小收入差距,并不会导致降低经济增长的代价。

2. 经济发展中的收入差距变动是否存在某种"定律"?

一些研究者倾向于将我国经济发展中的收入差距变动与某种

"定律"联系起来,以此预测收入差距的走向。对于经济发展中的收入差距变动趋势,大体上有两种基于理论机制的预测。一是库兹涅茨认为经济发展初期的收入差距逐渐扩大然后逐渐缩小,从而收入差距呈现倒 U 形变化特征;二是皮凯蒂认为,资本回报率高于经济增长率,从而经济增长中资本收入所占份额会逐渐上升。对于我国经济发展中的收入差距变动,人们对于库兹涅茨假说抱有较强的期待。按照这一假说,经济发展过程中所出现的收入差距扩大只是阶段性的现象。

然而,各国经济发展过程中的经验证据比上述预言都要复杂得多。特别是第二次世界大战结束以来各经济体经济发展的经验中,既有收入差距不断扩大的,也有收入差距在一定时期中呈现出明显缩小迹象的,如日本等。皮凯蒂对收入差距长期变动特征的解释机制盛行一时,但人们大多可能只注意到了其关于收入差距可能会不断恶化的这一断言。事实上,Piketty、Piketty 和 Saez、Banerjee 和 Piketty 基于收入分布的长期数据分别详细讨论了法国、美国和印度的收入差距变动状况,各国收入差距变动背后的主导机制各不相同。例如,法国收入差距变动与资本收入的关联性更为密切,但第二次世界大战后法国的收入差距没有明显的上升趋势;美国自 20 世纪 70 年代以来收入差距不断上升,但其收入分布的高端人群中主要是工资收入者(working rich);印度不同时期的收入差距扩大则主要取决于开放和渐进式自由化的经济政策。

由此可见,经济发展过程中的收入差距变动趋势,可能在更大程度上取决于经济发展过程中所选择的具体政策,当然也可能通过改变相关政策来调节分配状况、主导各国收入差距变动的因素各不相同。对于具体因素的讨论,或许比一般性地讨论经济发展过程中的收入差距变动特征更有意义。

二 收入差距的改善因素与恶化风险

按照国家统计局公布的数据,我国收入基尼系数在 2008 年达到最高，此后的几年中总体上表现出逐渐下降的倾向。因此，一些乐观的预测认为，我国的收入差距可能已经走向了逐渐缩小、改善的"库兹涅茨转折"。应当看到，经济结构的某些变化特征确实在一定程度上起到了缩小收入差距的作用，但也存在收入差距进一步扩大的可能性。

1. 城乡人口结构与城乡差距变化

根据中国居民收入分配课题组2007年和2013年住户调查数据，可以将总体基尼系数按城乡（含流动人口）进行分解。从中可以看出，城镇、农村以及流动人口内部的收入基尼系数都在上升，总体基尼系数的下降主要来自组间不平等的下降，也就是城乡以及流动人口之间收入差距的缩小。

从不同人群组人口份额和收入份额的变动特征来看，2013年农村人口份额下降了11个百分点，但收入份额反而上升了1.4个百分点；城镇人口份额增加了5个百分点，但收入份额下降了3.5个百分点。城乡之间的人均收入差距出现了较大程度的下降。人群组间基尼系数从2007年的0.3234下降到2013年的0.2187，下降了约10个百分点。

人口结构的转变对于总体收入差距下降的影响也是不可忽视的。如果按照2007年的城乡人口结构特征，即假定2013年城镇、农村和流动人口所占份额与2007年的相同，那么组内基尼系数和组间基尼系数都将分别比2013年的实际数据上升1个百分点，"重叠项"基尼系数下降了1个百分点。城镇人口份额上升、农村人口份额下降这一人口结构转变，具有缩小收入差距的效应，导致了总体收入基尼系数下降了1个百分点。

因此，从人群组分解来看，这一期间的收入差距下降是由于城镇人口份额的上升和城乡居民收入差距的缩小所导致的。

2. 收入结构变化与城乡差距

鉴于城乡差距对于我国收入差距变动具有重要的影响，进一步从分项收入来考察城乡收入差距的变动。

工资收入和经营收入是城乡居民收入的主要来源,也是主导城乡收入比率变动的主要因素。从20世纪90年代初期开始,城乡工资收入比率持续下降,这一变化特征与农村劳动力向城镇地区、非农产业转移进程加快,以及农民工工资水平的增长是一致的。

城镇居民人均转移收入要远远高于农村居民。养老金收入是转移收入的主要来源,而农村居民中总体上没有被养老金项目所覆盖。城乡人均转移收入比率在2001年左右达到最高,此后逐渐下降。因为此前基本上也没有针对农村居民的公共转移支付,人们所关注的是农民负担问题。此后,农村养老保险、低保等社会保障制度逐渐开始建立与完善,同时开始实施了针对农业生产的补贴政策,从而农村居民的公共转移支付逐渐增加。城乡居民人均转移收入比率的下降,体现了这一时期收入再分配政策思路的调整。

因此,从城乡居民收入结构的变动来看,我国城乡居民收入比率的变动既有经济发展中结构调整的因素,也与再分配政策的改变密切相关。

3. 高收入人群的遗漏可能改变收入差距变动趋势判断

对于近年来所出现的我国收入差距缩小倾向,也可能与调查数据中所存在的高收入人群遗漏现象相关。如果考虑到高收入人群的遗漏,对收入差距的走势判断可能会发生改变。由于住户收支调查中所存在的时间成本、收入来源的多样性以及对收入隐私的重视程度等方面的差异,高收入人群参与住户收支调查的积极性可能会更低一些。这可能导致住户调查数据中存在对高收入人群覆盖不足的现象,而且随着高收入人群更为快速的收入增长,住户调查中所存在的这种高收入人群遗漏的现象可能会越来越严重。罗楚亮等利用财富排行榜(福布斯榜和胡润榜)调整住户调查中所可能缺失的高收入人群,结果发现,在加入高收入人群后,各年份中的全国收入基尼系数都会有所上升,并且收入基尼系数下降的趋势可能被改变。按照福布斯榜的调整结果,2013年的收入基尼系数将比2007年上升3.5个百分点;而按照胡润榜的调整结果,这一上升幅度为7.8个百分点。

4. 扩大收入差距的潜在风险

尽管国家统计局所公布的收入基尼系数从 2008 年开始表现出下降倾向，但仍存在一些可能导致收入差距扩大的潜在风险。

首先是技术进步对收入差距变动具有不确定性。提高经济发展质量，在较大程度上依赖于技术进步，但技术变革通常会对收入分配产生影响。技术进步通常会导致劳动力市场的结构性变化，即一部分人的工作被新的技术所替代，同时也产生新的就业机会。技术进步对于收入分配的影响，既可能表现为收入差距的总体性扩大，也可能表现为人群内部收入分配结构的变动。

其次是贸易摩擦、小微企业生存压力增加，具有扩大收入差距的风险。如果贸易摩擦加剧、小微企业生存压力增加，进而减少劳动力需求、对劳动力就业机会产生不利影响，将会具有扩大收入差距的风险。

最后是财产差距的扩大，对于收入差距扩大具有持续性影响。我国财产差距的扩大速度，甚至明显高于收入差距的扩张速度。作为存量意义的财产，所产生的收益将会成为流量意义上的收入差距的来源。

三　经济高质量发展下缩小收入差距

1. 农民收入增长

城乡差距在我国居民收入差距中占有重要份额。尽管近年来，城乡差距有所下降，这也成为总体收入差距下降的重要原因，但我国城乡差距仍处于较高的水平。因此，提高农民收入、缩小城乡差距仍然应该成为缩小总体收入差距的重点。农村人口向城镇地区的转移融合以及推动农村地区经济发展，都是农民收入增长的重要途径，也与推动经济高质量发展具有内在一致性。

2. 效率与公平

如果以工资分布第 50 和第 10 分位点上的对数工资差描述工资

分布的低端不平等，而以工资分布第 90 和 50 分位点上的对数工资差描述工资分布的高端不平等，可以看到我国工资不平等结构中，低端不平等高于高端不平等，并且两者都在不断上升。这种状况意味着，对工资分布低端人群缺乏保护，对工资分布高端人群缺乏有效激励，从而分配状况可能既缺乏效率也不具有公平性。如果将收入分配的"效率"和"公平"含义具有不同的人群指向，对低端人群的保护与高端人群的激励并存，或许能在一定程度上缓解"效率"和"公平"两者的矛盾性。

3. 再分配机制

总体而言，我国再分配机制对于收入差距缺乏有效的调节。从分配过程来看，从市场收入到可支配收入，无论是基于社会保障的公共转移收入还是收入所得税，所具有的再分配效应都比较低。就社会保障制度而言，不同人群之间具有明显的人群分割性，这种覆盖人群的不公平性降低了公共转移收入的再分配效应。收入所得税的再分配调节作用微弱，对高收入人群的征管能力差，因此，关注重点应该放在高收入人群，逐渐提高起征点（或免征额）的做法并不能增强收入所得税的再分配效应。

4. 公共服务均等化

在收入差距不断上升时，人们对于基本公共服务的获得能力也将逐渐具有明显的差异性。由于这些基本公共服务是人力资本形成的重要渠道，因而从短期来看，不利于为经济高质量发展提供充分的人力资本支持；从长期来看，还将成为收入差距代际传递的重要环节。教育、医疗、社会保障等基本公共服务均等化，无论是对于提高经济发展质量还是缩小收入差距都是至关重要的。

（作者单位：北京师范大学经济与工商管理学院）

市场机制和现代化经济体系的逻辑

杜 创

我今天发言的题目是"市场机制和现代化经济体系的逻辑"。为什么讲这一点？因为，在党的十九大报告中关于现代化经济体系的内涵，特别提到一段话，就是要构建市场机制有效、微观主体有活力、政府调控有度的经济体制。如何理解市场机制有效？我想从微观经济学角度谈一点看法。建设现代化经济体系有一个很重要的背景，就是社会主要矛盾的变化。以前，我们的社会主要矛盾是人民群众日益增长的物质文化需要同落后的社会生产之间的矛盾，实际上就是供求之间总量性的矛盾。通俗地说，几乎在所有行业，我们都面临着供不应求的情况。这个时候只要扩大生产就好了。所以我们需要市场的力量，有很多的民营企业介入来弥补计划经济造成的短缺，地方政府也很容易发挥作用。我只要开足马力，大强度投资就可以了。这是相对简单的一件事。但是，随着社会主要矛盾的变化，现在人民群众不仅仅有物质文化的需要，还希望拥有高质量的物质文化产品。这和以前就有很大的区别了，市场的作用会体现得更加明显。比如说，产品的质量往往是很主观的东西，简单靠政府监督很难发挥作用，要依靠市场机制尤其是声誉机制。因此，我们对市场机制的理解需要深化。过去我们理解市场机制，简单说就是某种产品供不应求了，价格会升上去；供过于求了，价格会降下来。但是，市场怎样激励生产商提供高质量产品？这不是简单的事情。因为，我们知道产品质量是主观的，事前难以确定，生产商就存在道德风险，可能为了降低成本以次充好。这时候就需要经济学中所谓的"声誉溢价"机制，也就是对某一种产品，市场需要给它定很高的价格，价格远远高于生产成本。因为这个溢价意味着厂家有声誉就有足够的利润，它就有动力克服自身的道德风险，为市场提供高质量产品。如果政府管制还是遵循以前的思路，只是简单质疑产品怎么定价这么高，要求把价格压到等于生产成本，就会导致厂商偷偷降低质量，因为反正生产高质量产品也没有多少利润。可见对于特殊的市场问题，我们需要特殊的市场机制。

再举个例子，对于医疗产品，市场机制能不能起作用？其实这个我特别有感触，因为我大概从2009年进入经济所就开始研究医疗行业，那时候医疗政策研究是非常小众的事情。现在，很多投资人来咨询，问这个行业怎么投资。这个其实是社会主要矛盾变化的表现，就是人民群众越来越关注医疗、养老这样的大健康行业及教育行业的发展。这些当然是公益性很强的行业。这样的行业，市场机制怎么发挥作用？其实也是很值得关注的。当然政府在其中会发挥很重要的作用，要保障公益性。政府怎么保障公益性？是不是政府要直接提供医疗服务，要不要自己建立公立医院？实际上不一定是这样。更有效的方式是政府补需方，建立医疗保障体系，通过集体购买来确保公益性。但是供方市场仍然是开放的，可以有公立医院，更多的是民营的医院，形成一个竞争性市场。这样既保障了公益性，也保证了市场效率。而且在这个过程中我们看到，医保所起到的不完全是一个购买的作用，它还可以监督，通过付费方式的设计，去监督供方，克服信息不对称。这里我们又看到另外一种具体的市场机制。所以在现代化经济体系当中可能需要更多研究一个一个市场，它的市场机制是什么样的，这些机制不仅仅是我们通常意义上所理解的价格与供求之间的简单关系。

（作者单位：中国社会科学院经济研究所）

中国特色社会主义政治经济学构建的马克思经济理论形成逻辑启示

乔 榛

2015年11月，习近平总书记在主持中共中央政治局第二十八次集体学习时，就学习主题"马克思主义政治经济学基本原理与方法论"发表重要讲话指出：要立足我国国情和我国发展实践，揭示新特点新规律，提炼和总结我国经济发展实践的规律性成果，把实践经验上升为系统化的经济学说，不断开拓当代中国马克思主义政治经济学新境界。如何开拓当代中国马克思主义政治经济学新境界？或者像现在所讲的，如何构建中国特色社会主义政治经济学？这是在中国经济长期高速增长，并创造了一个增长的奇迹后，对中国经济学提出的一个挑战。而要迎接这个挑战，出路不能到西方经济学中去寻找，只能到马克思主义政治经济学中去寻找。从马克思主义政治经济学出发构建中国特色社会主义政治经济学，不是机械地去理解马克思主义政治经济学，而应该创造性地去发掘马克思形成其经济理论体系的逻辑根据。

从马克思的经济理论中寻找构建中国特色社会主义政治经济学的理论基础，需要弄清楚马克思经济理论的形成逻辑。马克思经济理论的形成逻辑，首先是实现了哲学观的改造，其次是在概念体系构建上实现了"术语革命"。

马克思的哲学观的改造是从对黑格尔辩证法的批判继承出发的。马克思读大学时最感兴趣的是哲学，特别是在柏林大学期间，深受青年黑格尔派的影响。但是，马克思在接受黑格尔的理论时并不是简单地拿来，而是进行了扬弃。这正如他自己所讲的：黑格尔辩证法这个最全面、最富有内容、最深刻的发展学说，是德国古典哲学最大的成果。然而，马克思又指出：黑格尔的辩证法把思维过程，即被他称为观念的东西，变成具有独立主体的思维过程，是现实事物的创造主，而现实事物只是思维过程的外部表现。这表明，马克思在接受了黑格尔合理的辩证法内核后，把唯心主义外衣扬弃了。正是这样的扬弃，马克思开创了哲学史的一个新革命，即建立了他的辩证唯物主义。马克思就此明确地表示，我的辩证法与黑格尔的不同，观念的东西不外是移入人的头脑中改造过的物质的东西。在唯物主义基础上，辩证法得到了它最科学的应用，它因此成为理解事物的最合理的工具，如马克思所指出的：辩证法，在其合理形态上，引起资产阶级及其夸夸其谈的代言人的恼怒和恐怖，因为辩证法在对现存事物的肯定的理解中同时包含对现存事物的否定的理解，即对现存事物的必然灭亡的理解；辩证法对每一种既成的形式都是从不断的运动中，因而也是从它的暂时性方面去理解；辩证法不崇拜任何东西，按其本质来说，它是批判的和革命的。

马克思把唯物辩证法运用到对人类社会的理解，建立了他的历史唯物主义。这成为分析资本主义经济制度，进而揭示资本主义经济发展规律的最重要的方法。马克思运用历史唯物主义观察资本主义。首先，马克思认为资本主义只是人类社会发展的一个新阶段，而绝不是社会形态发展的终点。因为，生产力与生产关系这一推动人类社会不断进步的矛盾并不会在资本主义社会得到最终解决。生产力的进步是没有尽头的，人类特有的探索和创造能力推动着生产力水平不断提高，而且资本主义经济制度自身又有着推动生产力进步的内在机制，而资本主义生产关系却无法在资本主义社会中得以根本性改变，因此，资本主义社会的生产力与生产关系的矛盾不仅不会得到最终解决，而且会更加尖锐。资本主义经济制度无法解决生产力与生产关系这一推动人类社会发展的矛盾，那么它被一种新的社会经济制度代替就具有必然性。其次，马克思认为分析资本主义经济发展规律必须运用矛盾的观点。资本主义经济制度也是在试图解决矛盾，但是随后会被一个更突出的矛盾所困扰，这成为资本主义的命运，也是资本主义必然为社会主义所代替的逻辑根据。资本主义是在发达的商品经济基础上建立起来的，商品经济受价值规律的支配，每一个资本家要想在市场中取得优势必须采取先进技术，并参与越来越激烈的竞争。一旦竞争就会进入一个通过不断提高技术来争取自身优势的轨道。然而，一旦进入这个轨道就会形成资本主义积累的一般规律，最终造成严重的两极分化，由此引起的激烈的社会矛盾不仅使资本主义经济运行遭受严重的危机，而且也为资本主义灭亡培养了掘墓人。最后，马克思认为代替资本主义的未来社会应该是一个自由人联合体，他们用公共的生产资料进行劳动，并且自觉地把他们许多个人的劳动力当作一个社会劳动力来使用。马克思的这一设想是在否定之否定规律下提出的。人类社会初期很长时间里，人们生活在一种共同体中，社会共有生产资料是这个社会的基本经济特征，只是在进入文明社会后才产生了生产资料私有制，到了资本主义社会，资本主义私人占有使私有制发展到极致，并最终敲响它的丧钟，剥夺者就要被剥夺了。资本主义私有制最终被消灭，新的社会将建立怎样的生产资料所有制？这不仅取决于资本主义自身发展规律，而且是历史性回归，重新体现人类社会早期的特征，只是其形式更加高级。这实际上是否定之否定规律的历史性体现。

  任何经济理论体系的构建都是建立在概念体系的基础上。概念体系的建立并不是简单的概念集合，而是有着核心概念的逻辑体系，因此，某个经济理论体系要实现创新，必须是其核心概念发生了革命性变革，也就是"术语革命"。恩格斯就此指出：一门科学提出的每一个新见解，都包含着这门科学的术语的革命。马克思经济理论实现的"术语革命"，最重要的便是把剩余价值作为最核心的概念，并赋予它在其经济理论体系中的中心地位。恩格斯在马克思墓前的讲话指出：正像达尔文发现有机界的发展规律一样，马克思发现了人类历史的发展规律……不仅如此。马克思还发现了现代资本主义生产方式和它所产生的资产阶级社会的特殊的运动规律。由于剩余价值的发现，这里就豁然开朗了，而先前无论资产阶级经济学家或者社会主义批评家所做的一切研究都只是在黑暗中摸索。剩余价值在马克思经济理论的逻辑体系中处于核心地位，剩余价值不仅是构建其理论体系的核心概念，而且它也是分析资本主义经济制度的最有效的手段。资本主义的绝对规律就是资本家对剩余价值无限的追求。这深刻地决定了资本的关系，即资本家和工人的关系。资本家这一资本的人格化代表，为最大限度地获取剩余价值，必然会进行资本积累，而资本积累的趋势形成了资本主义积累的一般规律。资本主义最终被一个新的制度所代替，其根据就包含在资本主义积累的一般规律中。因此，马克思通过"术语革命"，找到了剩余价值这个核心概念，不仅构建了其自己的经济理论体系，而且揭示了资本主义运动的秘密或规律。

因此，马克思形成其经济理论的逻辑对我们构建中国特色社会主义政治经济学有着非常大的启示。

启示一：坚持马克思辩证唯物主义和历史唯物主义在构建中国特色社会主义政治经济学的前提地位，这既是我们应该从马克思经济理论体系创立过程中得到的启示，也是我们基于中国改革探索遵循了马克思辩证唯物主义和历史唯物主义所得到的启示。马克思用辩证唯物主义和历史唯物主义哲学对资本主义社会发展形成一种基本观点后，才进一步去揭示资本主义经济运动的规律，才构建起自己的经济理论体系。同样，我们借助马克思辩证唯物主义和历史唯物主义分析了中国改革实践以及因此形成的中国特色社会主义具有现实性之后，应该有信心去构建中国特色社会主义政治经济学。

启示二：构建中国特色社会主义政治经济学也需要实现一些"术语革命"，这是构建中国特色社会主义政治经济学逻辑体系的核心。如何在构建中国特色社会主义政治经济学理论体系中实现"术语革命"，应该把握以下几点：（1）进行"术语革命"必须体现中国特色社会主义经济运行的核心要素。中国特色社会主义政治经济学应该以社会主义市场经济体制为其现实的研究对象，而社会主义市场经济体制的最核心内容便是中国特色社会主义政治经济学追求"术语革命"的出发点。（2）进行"术语革命"还必须体现中国特色社会主义的根本目的。中国特色社会主义的根本目的是为人民谋幸福，这决定着研究中国特色社会主义经济体制的中国特色社会主义政治经济学构建的方向。（3）进行"术语革命"必须体现对马克思主义政治经济学的继承，同时也要吸取西方经济学中的一些反映现代经济运行特征的思想。

（作者单位：黑龙江大学经济与工商管理学院）

优秀企业家精神是中国经济高质量发展的关键

李 政

高质量发展是我国经济发展到新阶段的新要求，是习近平中国特色社会主义经济思想的重要组成部分。中国先后做出"三期叠加"、经济发展新常态、高质量发展阶段三个关于经济发展新特征的判断，三者之间是内在逻辑统一、逐步递进的对于实践发展的认识深化过程。当前，我国支持经济高速增长的需求结构和供给条件都发生了转折性变化，因此我们需要大力推进高质量发展。

党中央把推动经济高质量发展作为当前和今后一个时期确定发展思路、制定经济政策、实施宏观调控的根本要求，就是要使中国经济从高速发展转向高质量发展，从中国速度转向中国质量。过去我们总谈中国速度，现在要强调中国质量了。为什么这样呢？其中非常重要的原因是：我国经济竞争力目前还不是很强、质量还不是很高。重点体现在，我国经济总量已居世界第二，500多种产品中220多种产品产量居世界第一，在国际标准分类的22个大行业中，我国的产值要么居世界第一，要么居世界第二，但我国产品质量居世界第一的却不多，原创型的产品不多，拥有自主技术的企业不多，产业链上别人离不开的企业就更少了，这和我们国家的经济规模、发展速度不相称。

高质量发展是我国的新目标、新要求。有专家指出，当一个国家经济发展到成长期，全社会将出现商品质量新发展、新突破和新跨越，预示着一场深刻的"质量革命"应声而至。国际质量管理大师朱兰认为："21世纪是质量的世纪，质量将成为和平占有市场最有效的武器，成为社会发展的强大驱动力。"高质量是经济发展到新阶段、人民收入和生活水平提高后的必然要求，也是消费升级的必然要求。

总的来看，高质量发展的内涵应该包括以下几点：首先，高质量是相对高速度而言的，由注重发展速度转为更加注重质量和效益，发展动力由要素驱动转为创新驱动，动力转换了，结构也更加优化了。国家经济高质量发展的前提是企业高质量发展。企业高质量发展的关键要靠企业家精神，特别是优秀企业家精神。高质量发展阶段，优秀企业家精神是关键要素之一。

其实从理论上可以对此进行阐释。我们知道，对于经济增长的秘密，经济学家进行了几百年的研究。从亚当·斯密开始就在试图回答这个问题，包括马克思其实也在回答这个问题。经济学家先是把经济增长和发展的主要因素归结为土地、劳动和资本，之后新古典经济学把它归结为资本积累。后来研究发现，很多增长现象是资本和劳动要素解释不了的，出现所谓的"余值"。然后索洛提出用全要素生产率，也就是技术进步来解释经济增长。但故事到此并未结束，还有人提出管理、制度、企业家精神等生产要素。事实上，无论技术、管理、劳动还是土地，它本身都不能自然带来经济增长和繁荣，其背后真正发挥桥梁和纽带作用的是企业家精神，是企业家的创新创业行为，这才是经济增长的真正动力和源泉。

熊彼特在《经济发展理论》中，首次把企业家才能作为经济增长与发展的原动力，认为正是企业家的"创造性毁灭"推动着经济发展水平的波浪式上升。奥崔兹等提出创业型经济增长模型，把企业家精神资本作为经济增长要素。鲍莫尔强调，一个经济体能否取得很好的增长，关键在于创业才能是配置到生产性活动上面，还是配置到寻租等非生产性活动上面。如果经济制度激励生产性创业活动，经济就会繁荣；反之，如果经济政策等外部因素阻碍创业者创业，经济绩效则会呈现下降趋势。驱动创业型经济发展的主要不是传统的资本、劳动，甚至不是科技研发，而是企业家的创意、创新与创业活动。创业型经济主要不受稀缺性资源的约束，而受到创新创业精神和创新创业能力的约束，创业型经济的增长是可持续的，因为人的创意是无限的。

从实践中也可以发现，无论是国家还是地区，凡是经济增长和发展好的地方，都是企业家精神水平较高的地方，都是企业家创业活动比较活跃的地方，反之则相反。以美国为例，作为典型的创业型国家，其过去的成功就来源于高水平企业家精神。经济学家拜格雷夫曾指出，美国的很多优势其他国家也都具备，或者是容易学习的，唯有企业家精神或者创新创业精神是其他国家所不能比拟的，这才是美国最重要的竞争优势。以色列号称"第二硅谷"，是一个创新创业的国度，也是因为其企业家精神水平较高。我国深圳也是创业型城市。我们再看东北，东北经济发展得不好，很大程度上是缺乏企业家精神造成的。当然还有其他因素，但这是一个直接因素。当然，不是东北没有优秀企业家，而是不少优秀企业家都走了。总之，凡是企业家精神活跃的地方，经济发展质量就高、动力就强。

什么是企业家精神？经济学家对它进行了很多研究。Hébert 和 Link 把经济学理论文献对企业家精神的论述归纳为三个学派：一是以熊彼特和鲍莫尔为代表的德国学派，主要强调的是企业家的创新精神。二是以奈特和舒尔茨为代表的芝加哥学派，注重企业家的风险承担能力和冒险精神以及应对市场失衡的能力。三是以米塞斯和科兹纳为代表的奥地利学派，重点关注企业家对市场机会的识别能力。他们分别强调的是企业家创新精神，还有企业家风险承担精神、冒险精神以及捕捉市场机会的能力。但企业家精神内涵是动态的，企业家精神是有时代性的，不能停留在某一国家、某一时期、某一制度背景下，我们要动态地看企业家精神。企业家精神不仅包括创新精神、创业精神、冒险精神以及超前行动、风险承担、识别和把握机会的意识和能力等一般性特征，还包含其他一些具有时代特点的元素。

新时代优秀企业家精神还包含这样几点：首先是精益求精的工匠精神，其次是诚实守信的契约精神，再次是舍我其谁的使命感和责任承担精神，最后是以价值为导向的利他精神、奉献精神。很多人认为工匠精神和企业家精神可能是两个方面、两个维度，不能融合在一起或者相结合。其实不然，凡是优秀企业家都精益求精，追求完美，甚至极致。我们看乔布斯是不是具有工匠精神呢？我们看索尼的松下幸之助是不是有工匠精神，同时又有企业家精神？也就是说，优秀企业家都是具有工匠精神的，对他产品的热爱程度都是其他人所无法比拟的，力求他的产品要比别人的做得更好、更精，而这就是工匠精神。其次是诚实守信的契约精神。我们知道最近中国一些企业出了问题，像长春长生、三鹿，为什么？就是因为缺乏诚信精神、缺乏契约精神、缺乏社会责任感。一般的企业，在遵纪守法的情况下，我们不能对它有过高要求，但是优秀企业家、优秀企业必须是诚实守信的，否则走不远、做不大。

此外，优秀企业家、优秀企业都是舍我其谁，都是为了社会、为了国家、为了民族或者为了世界，他要承担一种使命，有一种责任担当精神。这种责任担当也体现在和国家战略保持高度一致，和人民需求保持一致，或者他为解决人类某一问题而努力。总之，这种使命感和担当精神是优秀企业家精神的重要组成部分，这种价值创造导向指的是所有优秀企业家都是努力地创造价值。我们为什么强调这一点？鲍莫尔曾经提出一个理论，企业家精神有破坏性的、非生产性的，还有生产性的。我们为什么要强调优秀企业家精神？因为现实中，部分"企业家"做的是投机、寻租一类的事情，所以它是破坏性的。既有像比尔·盖茨、乔布斯、稻盛和夫、王永庆这样的优秀企业家，拥有优秀企业家精神，同时也有像庞氏骗局设计者艾伦·斯坦福这样的负面典型"企业家"。这说明，我们通常所说的企业家，有建设性的企业家和破坏性的企业家，为了不造成混淆，强调优秀企业家精神是非常必要的。

由此可以看出，激发和保护优秀企业家精神是实现高质量发展的关键和必然的举措。我们知道，习近平总书记非常重视企业家和企业精神，对此做过很多论述，特别是2017年9月，中共中央、国务院发布了《关于营造企业家健康成长环境 弘扬优秀企业家精神 更好发挥企业家作用的意见》。这个文件是唯一专门针对企业家和企业家精神而颁布的一个重要文件，对企业家精神的作用、意义以及如何激发保护企业家精神做了比较详细的指导。另外，党的十九大报告中有一个重要表述，即"激发和保护企业家精神，鼓励更多社会主体投身创新创业"。所以说党中央很重视企业家精神。企业家精神也是习近平中国特色社会主义经济思想的重要组成部分，是政治经济学应该关注的问题。

那么我们究竟该怎么激发和保护企业家精神？有如下几个关键环节：

第一个是制度建设。激发和保护企业家精神需要完善社会主义市场经济体系、完善社会主义基本经济制度，构建公平竞争的市场环境，包括完善收入分配制度。这就是要从顶层设计上做好，离开制度设计、制度建设，其他都无从谈起。第二个是法治建设，就是要建设法治社会。激发保护企业家精神，需要保护财产权和知识产权。如果没有法律的保护，法律如果起不到保护生产性企业家权益的作用，那么企业家创新创业的动力和积极性就会受到打击，就会信心不足。第三个是体系建设。激发和保护企业家精神要构建创新创业型经济体系，构建诚信体系。第四个是机制建设。对于国有企业特别要强调构建容错机制。国有企业也是有企业家精神的，国有企业也是有企业家的。目前国有企业之所以企业家精神表现得不是很充分，主要原因是激励不足、风险较高。在现有体制机制的约束下，一些企业家不敢创新、不愿创新。尽管如此，还是涌现了一批优秀企业家。所以对于国有企业来讲容错机制建设很重要，对整个社会来讲也是如此。比如对政府官员的容错、对民营企业家的容错也都很重要。此外，帮扶机制、文化建设也是非常重要的。没有创新的文化就不会有宽容的环境，也不会有一个鼓励创新创业、鼓励兴业干事儿的一种氛围。第五个是人才建设。激发保护企业家精神需要大力开展创新创业教育、培养创新创业型人才。这里的创新创业教育指的是广义的创新创业教育，是和创新驱动发展、高质量发展相匹配的教育体制与机制。

鲍莫尔指出，实现经济领先增长的条件是易于创办和发展企业，使生产性企业家获得合理回报，抑制非生产性创业活动，使成功企业家保持持续创新的积极性，使大型成熟企业保持不断创新和发展的动力。一个经济体能否取得很好的增长，关键在于创业才能是配置到生产性活动上面，还是配置到寻租等非生产性活动上面。如果经济制度激励生产性创业活动，经济就会繁荣；反之，如果经济政策等外部因素阻碍创业者创业，经济绩效则会呈现下降趋势。所以高质量经济增长和激发保护优秀企业家精神都需要制度设计来实现。而制度和体制机制的建立靠有为和高效政府。所以我们强调企业家精神，但不是说和政府没关系，恰恰相反，政府不能缺位。我们要重新认识国家和政府在高质量发展当中的角色。

前段时间美国学者马祖卡托在她的著作中就专门谈到政府在创新中的作用，很有说服力。她把美国作为一个例子进行分析，从企业型国家说明政府作用不仅仅是修补市场，而是"催化剂"、领先投资者，是知识经济的创造者，国家致力于高风险、高不确定性领域以及突破性创新。许多人都认为美国是典型的市场经济，政府不介入微观经济活动，创新要靠市场或者是企业。其实不然。美国权威学者的分析表明，美国政府对创新创业活动的支持是非常系统、非常深入的，并不是人们所想象的那样。比如说美国政府在新能源、生物医药、IT领域、通用技术、航空航天、空间信息、互联网以及纳米技术发展等方面发挥了巨大作用，包括国防和民用技术的结合是非常有效的。所以我们需要有为政府去促进制度建设，进而促进企业家精神。

有为政府是相对于无为政府而言的，要有所为、有所不为、为所当为，要有合理的行为规范，有为政府、有效市场并不矛盾，有为政府是有限政府，但是也是创业型政府，也是服务型政府。有为政府制定科学合理的产业政策和创新创业政策，建设良好的基础设施，实施合理的财政金融政策，营造创新创业文化，培养创新创业人才。有为政府激发和保护企业家精神中的积极因素，更好地发挥生产性企业家作用，合理配置企业家资源，构建良好的创新创业生态系统。

构建良好的创新创业生态环境和系统，是当前实现高质量发展过程中，政府应该努力做好的一项重要工作。美国、以色列等国家在促进创新创业和构建创新创业生态系统方面做了大量工作。如美国国防部高级研究计划局创立于1958年，每年投资超过30亿美元预算，拥有240名雇员，旨在填平基础研究和军事应用技术发展的鸿沟。美国小企业创新研究计划（SBIR）由里根总统1982年签署，从政府预算中拿出一定比例资金支持小企业创新，每年提供超过20亿美元资金。

我国深圳也是如此。它让企业成为市场主体，做有效的政府；注重顶层设计的引领作用，做智慧型政府；积极改善营商环境，做服务型政府；做好配套支持，做创业型政府。这是深圳自己总结的经验。深圳前副市长提出深圳从来不去招商引资却能够成功，就是因为有公平竞争的市场环境。深圳政府不是无为，不是不作为，而是把基础设施建设好，把基础的制度设计好。深圳的经验就是政府通过改革，主动谋求放权，既管好政府该管的事，实现政府与市场的完美契合，又遵循市场规律，遵循产业发展规律，做好产业发展的顶层设计，适时谋求产业结构转型，科学预测产业未来发展的方向。

总之，有为政府和企业家精神的结合，是经济高质量发展的关键和必由之路。

（作者单位：吉林大学中国国有经济研究中心）

从富起来的政治经济学到强起来的政治经济学

何爱平

中国特色社会主义政治经济学是马克思主义理论和中国实际相结合的产物，具有明显的历史性和阶段性。马克思主义原理与中华人民共和国成立到改革开放前的现实实践相结合，孕育了站起来的政治经济学；与改革开放时期的中国社会主义发展实践相结合，产生了富起来的政治经济学；与新时代的中国特色社会主义建设相结合，诞生了强起来的政治经济学。

一 政治经济学的历史性和阶段性

政治经济学具有历史性和阶段性。恩格斯曾指出：政治经济学本质上是一门历史的科学。它所涉及的是历史性的经常变化的材料；它首先研究生产和交换的每个个别发展阶段的特殊规律，而且只有在完成这种研究之后，它才能确立为数不多的，适合于生产一般和交换一般的、完全普遍的规律。

首先，政治经济学的历史性体现在其研究对象上。政治经济学研究的是置于一定历史条件和时代语境下的社会关系，其研究对象具有历史性和阶段性。《资本论》就是以19世纪欧洲的资本主义社会为背景，阐释资本主义生产方式产生、演变及未来发展的历史过程。马克思在对蒲鲁东的指责中指出：这些经济学家把这些经济范畴看作永恒的规律，而不是看作历史性的规律——只是适于一定的历史发展阶段、一定的生产力发展阶段的规律。

其次，政治经济学的历史性体现在其研究内容上。马克思对经济规律的考察是从历史发展的角度来切入的。以商品价值形式的演变规律为例，他认为与原始社会末期出现的偶然产品剩余和简单的物物交换相适应的是简单的或者偶然的价值形式，社会生产力和社会分工的不断发展提高了产品交换频率，才出现总和的和扩大的价值形式，而当所有商品的价值都统一表现在同一种商品即一般等价物上时，就出现了一般价值形式，而这种一般等价物固定在某一贵金属上时，才出现了货币。

再次，政治经济学的历史性体现在其研究方法上。马克思运用历史唯物主义的分析方法阐述了人类社会发展的一般规律和趋势，他清楚地认识到：政治经济学不可能对一切国家和一切历史时代都是一样的，社会的物质生产力发展到一定阶段，便同它们一直在其中运动的现存生产关系和财产关系（这只是生产关系的法律用语）发生矛盾。于是这些关系便由生产力的发展形式变成生产力的桎梏。那时，社会革命的时代就到来了。随着经济基础的变更，全部庞大的上层建筑也或慢或快地发生变革。

最后，马克思强调任何一种理论都应随着实践活动和时代背景的变化而不断更新发展。马克思主义政治经济学是发展的理论，马克思指出：辩证法不崇拜任何东西，按其本质来说，它是批判的和革命的，政治经济学所考察的经济范畴，也都带有自己的历史痕迹。恩格斯也认为，马克思的整个世界观不是教义，而是方法。它提供的不是现成的教条，而是进一步研究的出发点和提供这种研究使用的方法。

二 中国特色社会主义政治经济学的历史发展阶段

党的十九大将社会主义初级阶段走过的历程按照实践特征分为三个阶段，按照马克思主义实践活动与理论研究的历史阶段性特征，与此相适应的理论研究也应该分为三个阶段：站起来的政治经济学、富起来的政治经济学和强起来的政治经济学。

中华人民共和国成立到改革开放之前是中华民族的站起来阶段，与此对应的政治经济学是站起来的政治经济学。中华人民共和国成立以后，毛泽东同志创造性地解决了马克思列宁主义基本原理同中国实际的一系列重大问题，社会主义的基本制度确定以后，他又把马克思列宁主义基本原理同中国实际进行了"第二次结合"，找出在中国进行社会主义革命和建设的正确道路。以《论十大关系》为代表，毛泽东针对我国站起来阶段的经济发展提出了社会主义基本矛盾，工业为主导、农轻重协调发展等独创性的观点，构成了中国站起来阶段政治经济学的理论框架。

从改革开放到党的十八大召开是中华民族富起来的时代，在逐步建立社会主义市场经济的实践中形成了一整套关于落后国家如何富起来的政治经济学理论体系。其中邓小平的社会主义阶段、社会主义本质、经济体制改革、对外开放等理论是这一历史条件下政治经济学最突出的成果。邓小平从历史角度对社会主义发展阶段进行界定：中国社会主义是处在一个什么阶段，就是处在初级阶段，是初级阶段的社会主义，为正确认识社会主义建设初期产生的经济和社会问题提供了理论指引。富起来时代的政治经济学以落后国家如何建设、巩固和发展为研究对象，探索中国特色社会主义经济体制和经济运行的规律，从方方面面解答了社会主义国家如何发展的一系列问题。

中国特色社会主义进入新时代，中华民族实现了从站起来富起来到强起来的伟大飞跃，中国特色社会主义政治经济学的理论研究取得了新的发展。习近平总书记总结了新的历史方位上中国经济发展的新特点：一是从高速增长转为中高速增长；二是经济结构不断优化升级；三是从要素驱动、投资驱动转向创新驱动。强起来的政治经济学以新时期的经济发展现实为基础，提出了新常态理论、新发展理念、生态文明理论和供给侧结构性改革理论，不仅助推了中国的经济发展方式转型,也为政治经济学的中国化、时代化和大众化做出了新的贡献。这不仅继承和发展了马克思主义政治经济学,也是马克思主义中国化的"典范",是现阶段乃至今后的中国特色社会主义经济建设的重要理论指导体系。

三 强起来的政治经济学理论创新

(一) 研究对象创新

首先,强起来的政治经济学侧重于对当代中国生产力的研究。研究对象建立在基本国情发展需要和历史条件的基础上,"我国仍处于并将长期处于社会主义初级阶段的基本国情没有变,我国是世界最大发展中国家的国际地位没有变",新时代政治经济学的主要研究对象依然是生产力发展以及生产力发展的不充分、不平衡的问题。习近平总书记提出强起来时代保护环境就是保护生产力,改善环境就是发展生产力,将社会主义初级阶段生产力研究拓宽到了三个层次,即解放生产力、发展生产力和保护生产力。

其次,强起来的政治经济学从发展生产力的视角研究社会主义初级阶段生产关系以及具体表现形式。社会主义初级阶段的生产关系表现为一系列具体的经济制度,决定了社会生产、分配、交换的规则。强起来时代,要"毫不动摇巩固和发展公有制经济,毫不动摇鼓励、支持、引导非公有制经济发展",更加注重发展机会和发展成果分配的公平正义,坚持按劳分配,实施精准扶贫。

最后,强起来的政治经济学研究社会主义经济体制改革规律,并从宏观、中观和微观三个层次来管理经济运行。政治经济学总结了经济体制改革的成功经验,在供给侧结构性改革理论、生态文明建设理论、农业现代化和乡村振兴以及对外开放新格局理论等经济体制改革规律上成果丰富。区别于资本主义社会仅有的宏观供需管理和微观市场主体管理,中国特色社会主义是从微观、中观和宏观三个层次管理经济运行。

（二）研究方法创新

首先，坚持唯物辩证法的方法论基础。唯物辩证法是马克思主义的方法论基础，是马克思主义政治经济学分析社会问题、开展科学研究的根本指导。强起来的政治经济学坚持了马克思主义历史唯物主义和辩证法的研究方法，从人类社会发展的角度客观看待时代背景和社会问题，更全面更长远地分析社会主义经济发展规律，破解发展难题。同时，利用辩证法分析当前中国经济发展，既要看到社会主义建设事业所取得的伟大成就，也不逃避发展过程中产生的社会问题。

其次，借鉴当代西方经济学最新成果并在具体研究方法上不断创新。当代西方主流经济学在制度分析法、数理演绎方法和实证分析方法等具体研究方法的创新研究成果给中国特色社会主义政治经济学的发展提供了重要参考。政治经济学借鉴其最新的研究成果，将制度经济学的分析方法融入中国特色社会主义制度分析中，运用数理分析方法为政治经济学构建更加严密的理论逻辑体系，利用中国经济发展的现实数据为政治经济学的经典理论假设提供经验证据。

（三）理论结构创新

1. 新常态理论

经济发展进入新常态是政治经济学对我国现阶段经济发展所处的历史阶段的精准定位，是党的十八大以来党中央综合分析世界经济长周期和我国发展阶段性特征及其相互作用做出的重大战略判断，因为我国经济发展历程中新状态、新格局、新阶段总是在不断形成，经济发展新常态是这个长过程的一个阶段，这完全符合事物螺旋式上升的运动规律。经济发展进入新的历史阶段，有新的发展机遇和挑战，认识新常态，适应新常态，引领新常态，是当前和今后一个时期我国经济发展的大逻辑。新常态理论是对强起来时代中国经济的特征总结，反映了政治经济学在新的历史条件下对经济发展现实的基本理论认识，创新和发展了中国特色社会主义经济发展阶段理论。

2. 发展理念创新

创新是引领发展的第一动力，要"把创新摆在国家发展全局的核心位置，不断推进理论创新、制度创新、科技创新、文化创新等各方面创新，让创新贯穿党和国家一切工作，让创新在全社会蔚然成风"。可见，创新发展理念是一个全方位系统性的战略布局，其中理论创新是基础，科技创新是关键，文化创新是根本，制度创新是保障。

协调发展是发展结构理论的创新，旨在解决发展的不平衡问题。在富起来阶段，我们集中优势资源实现了经济发展的起飞，同时也造成了不同区域经济、供给侧和需求侧、物质文明和精神文明等方面的发展不平衡问题。协调发展理念注重发展整体性、协调性和平衡性，是实现产业升级的客观需求和破解发展难题的重要方式，也是跨越中等收入陷阱的重要途径。

绿色发展是财富理论的创新，旨在解决人与自然和谐发展问题。绿色发展是在保护生态环境的前提下寻找新的经济增长点，是打破新时代中国资源约束和环境瓶颈的重要手段，也是人类社会实现健康可持续发展的重要前提。习近平总书记提出：我们既要绿水青山，也要金山银山。宁要绿水青山，不要金山银山，而且绿水青山就是金山银山，强起来阶段必须处理好经济发展和生态保护的关系。

开放发展是全球化理论的创新，旨在解决发展的内外联动问题。改革开放伟大实践对内是改革，对外是开放。开放是国家繁荣发展的必由之路。以开放促改革、促发展，是我国发展不断取得新成就的重要法宝。开放发展理念突出互利共赢、全面开放和主动开放，是更高层次的发展理念，是促进全球经济共同发展的重要途径。

共享发展是发展目的的理论创新，解释了强起来时代中国经济发展的出发点和落脚点，旨在解决社会公平正义问题。从发展范围上看，共享发展的目的是全民共享，从发展内容上看，共享发展是全面共享，从发展过程看，共享发展是共建共享。

3. 发展方式与动力创新

强起来时代，经济发展方式转型的目标是实现人的全面自由发展,让全部人民都享受到发展的机会和成果。强起来时代,经济发展方式转变的核心是要实现人与自然的和谐共生,经济发展方式转型的重要动力是创新驱动,习近平总书记指出主体创新能力不强是我国经济发展的"阿喀琉斯之踵",新时代抓住了创新,就抓住了牵动经济发展的"牛鼻子"。对于新时代解决中国经济大而不强、虚胖体弱的难题,发展方式转型的关键在于优化经济结构,尤其是产业结构。强起来时代,经济发展方式转变的保障是制度转型。

4. 开放理论创新

开放发展是生产方式发展的必然结果,马克思认为,随着技术的进步,国家之间的贸易会越来越频繁,最终形成全球范围内的世界市场。习近平总书记提出"一带一路"倡议,致力于与沿线各国的政策沟通、设施联通、贸易畅通、资金融通和民心相通,以期在更大范围内实现经济利益的普惠共赢。新时代世界各国的经济发展是一个整体,任何一个国家都不可能成为独自发展的孤岛,世界发展的共同体正在形成,各国应积极参与人类命运共同体建设,因为只有在共同体中,个人才能获得全面发展其才能的手段,只有在共同体中才可能有个人自由。践行开放发展理念,构建新时代的人类命运共同体,是强起来时代中国特色社会主义政治经济学对世界生态和谐、国际和平发展贡献的解决方案。

(作者单位:中南财经政法大学经济学院)

尊重经济规律、促进中国经济高质量发展

朱方明

人们总是把马克思政治经济学看作是批判性学说，是批判资本主义社会生产关系的。不错，马克思的《资本论》的确分析了资本主义生产关系的运动，并深刻地揭示了资本主义生产关系产生、发展和必然消亡的规律。但是，马克思政治经济学并不只是批判性的，他对资本主义经济发展的研究，其实揭示了很多经济发展的客观规律。根据恩格斯《在马克思墓前的讲话》中的说法，马克思不仅揭示了经济发展的一般规律，而且揭示了资本主义经济发展的特殊规律。所以，我觉得有必要梳理一下马克思的经济发展理论。

与传统西方经济发展理论比较，马克思的经济发展理论很有特色，而且很多东西对我们很有用处。我讲几个通过比较研究后得到的结论和启示。归结为一点，就是要尊重经济规律，才能推动中国经济高质量发展。

从马克思的经济发展理论与西方经济发展理论的比较中发现，马克思的经济发展理论是从人出发，从人与人的关系、人与自然的关系以及它们之间的互动关系中研究经济发展的。马克思将经济发展过程看作是自然的历史过程，是受客观规律支配的。马克思所研究的"人"既不是抽象的"理性经济人"，也不是具体的"孤立的个人"，而是作为特定的"利益承担者"的"社会人"。人们可以认识经济规律，利用它，但是不能改变它。正如马克思所说，"一个社会即使探索到了本身运动的自然规律，——本书的最终目的就是要揭示现代社会的经济运动规律，——它还是既不能跳过也不能用法

令取消自然的发展阶段"。马克思的经济发展理论在方法论和理论观点方面都与西方发展经济理论有许多不同之处。

许多同志从要素驱动、"人口红利"角度总结近40年来中国经济高速增长的原因。那么,中国经济改革开放40年以来的高速增长是不是大家讲的要素驱动的结果呢?我觉得中国经济高速增长的奇迹,不能简单归结为要素驱动。无论是劳动力、资本,还是科技进步,在中国近40年来之所以能够释放巨大的潜能,推动经济快速发展,其实最根本的原因是中国共产党及其所领导的政府根据社会生产力发展的需要,适时调整生产关系和上层建筑的结果,也就是我们通常讲的改革开放的成果。如果没有改革开放,同样的要素也发挥不了这么大的作用。我们原来不还是那么多人吗?不还是那么多劳动力和那么大的国土面积吗?所以我觉得还是要看到改革开放对经济高速发展所做的贡献。改革开放之所以能够取得成功,最重要的一条,是我们党和政府从1978年以后深化了对经济规律的认知,而且更加尊重经济规律,其中尤其是生产关系要适应生产力发展的规律。

当前,中国特色社会主义进入新时代,经济发展进入新阶段,要推动经济转型升级,推动经济由高速增长转向高质量发展,更加需要加强对经济发展规律的研究,深化对经济发展规律的认识,努力让我们的经济政策和行动更加符合经济发展规律的要求。

第一,要始终坚持以人民为中心。人民是历史的创造者,这是马克思主义的一个基本观点。在经济建设方面,人民是生产者也是消费者。我们的生产过程在生产出物质产品的同时,也在生产人自身。我们发展经济不仅是为了我们这一代人过上更好的生活,也是为了让我们的后代过上美好生活。我们现在讲以人民为中心,不能只是喊口号。什么是以人民为中心?人民关注什么?需要什么?人民关注的小孩上学、就医、住房,甚至餐桌上的食品饮料,我们是不是真正关心?人民对美好生活的需要究竟包括什么?我们需要认真研究。马克思研究资本主义经济发展时发现,在那个年代工人之所以要不断搞运动，闹革命，推翻资产阶级统治，就是因为当时资本家对工人剥削太残酷了。马克思时代的资本主义不仅让工人工作很长时间，让工人在很差的环境和条件下工作，而且给工人的报酬很少，让工人的消费受到很大的限制。所以，工人总是在为争取更好的生活和工作条件而斗争。我们是社会主义国家，要做到以人民为中心，真正调动全国各族人民的积极性和创造性，不断满足人民对美好生活的需要，我觉得中国经济持续快速发展，应该是可以做到的。

第二，我们要全面评估经济发展质量。根据马克思的经济发展理论，经济发展的水平是应该从生产力、生产关系、人自身以及自然生态系统几个方面去评价。这是马克思从人与人之间以及人与自然之间的关系中研究经济发展得到的结论。我在一篇关于经济增长质量的论文中强调，要从生产成果、生产过程、要素投入和自然环境等方面全面评价经济增长质量，而不能片面强调GDP。

第三，始终坚持优先发展实体经济，夯实实体经济基础。马克思认为，物质资料的生产是人类社会存在和发展的基础。我们发展经济，就是要生产更多更好的使用价值，以满足人们对美好生活的需要。人民对美好生活的需要包括物质生活和精神生活的需要，首先需要满足物质生活的需要。当前我国社会的主要矛盾是人民日益增长的美好生活需要和不平衡不充分的发展之间的矛盾。经过改革开放40年的快速发展，我们的经济总量已经达到了较大的规模，但人均水平并不高。有些产品供给过剩，但还有许多涉及人们生活需要的东西供给不足。只有实体经济充分发展，才能创造丰富的使用价值，满足人民对美好生活不断增长的需要。要注重实体经济的转型升级，解决低端产品加工制造能力过剩与高端产品、创新性产品供给不足的问题。在市场经济中尤其要尽量避免虚拟经济部门过度膨胀的问题。

第四，要坚持劳动过程与自然生产过程相统一的发展观。劳动过程如果损害了自然生产过程，不仅会降低劳动生产率，而且会危害人自身的生产和再生产。我们的经济发展项目都必须在特定的自然环境中进行，人自身的生产和再生产也需要良好的自然环境。因此，任何严重破坏和损害环境的经济发展项目都是不经济的。要实现经济高质量发展就必须保持人类生产活动与自然生态环境良好的互动关系。

第五，要充分认识经济规律，尊重经济规律的作用。发展社会主义市场经济就必须尊重马克思已经阐释过的商品所有权规律、供求规律、竞争规律、价值规律和货币流通规律等基本经济规律。用计划经济的管理方式过度控制市场经济可能得不偿失。在计划经济中，政府可以对生产、流通和消费实行全面的指令性计划，结果是以牺牲效率为代价。在市场经济中，政府应当尽可能放松对生产和消费端的管控，集中力量做好市场监管，以维护公平的市场交易秩序，才能充分利用市场经济规律促进经济发展。

第六，坚持市场经济的改革方向不动摇。改革就是调整生产关系和上层建筑以适应社会生产力的发展。中华人民共和国成立后，我党基于对社会主义经济制度和中国经济的历史与现状的认识，结合当时的国内外形势建立了社会主义计划经济体制。经过30年的实践，我们认识到了市场经济是社会主义经济发展不可逾越的阶段。我们需要通过改革重新构建社会主义市场经济体制。实践证明，我国的改革开放是成功的，取得了举世瞩目的成绩。计划经济体制向市场经济体制的转变，是利益关系的重大变革，阻力不可避免。尤其是经历40年改革开放后，改革进入深水区，剩下未改或改革不到位的，都是难啃的"硬骨头"，需要有决心、恒心和坚韧的毅力。当前，要重点抓好政府自身的改革和职能转变，真正在"放、管、服"改革方面取得成效，让市场机制在经济资源配置中起决定性作用。

第七，深化国有企业产权制度改革，严格控制地方政府兴办国有独资企业，大力发展民营经济。马克思的经济发展理论告诉我们，商品所有权规律是市场经济的基本规律。商品生产者生产商品的劳动首先表现为私人劳动，生产什么？生产多少？怎样生产？是他私人的事情。生产过程所使用的生产资料是他的私人财产，产品归他所有。但是，当他把劳动产品当作商品来生产时，他的产品一开始就必须能够满足别人的需要，即他必须将自己劳动的产品当作社会劳动的产品来生产，他的生产过程就不再是私人的事情。因此，商品生产者的劳动既是私人劳动，也是社会劳动。但是，商品生产者的私人劳动并不能直接表现为社会劳动。商品生产者将劳动产品作为商品来生产，目的是获得交换价值或赚钱，而为了获得商品的交换价值，他就必须通过市场交换让渡商品的使用价值。马克思认为，商品销售对商品生产者而言是一次"惊险的跳跃"，如果商品生产者生产的商品卖不出去，那么摔坏的不是商品，而是商品所有者。所以，财产私有和社会分工是商品经济发展的两个基础性条件。如果我们的商品生产者普遍是国有企业，它们的财产都是国家的、人民的财产，那么它们在商品销售遇到困难时，摔坏的可能就不是它的生产者。我们常常看到，当国有企业遇到经营困难时，政府不能不管，而国有企业的普通劳动者和管理者自身的努力程度，除了受非常有限的激励影响外，就只能依靠他们的政治觉悟、个人素质和道德水准了。这样就不具备商品所有权规律发生作用的条件了，建立社会主义市场经济体制的改革目标也就难以实现了。因此，发展社会主义市场经济，有赖于民营经济的广泛发展。当然，作为社会主义国家，必须保持一定规模的国有经济。

第八，正视经济波动，利用市场机制淘汰落后生产力。马克思在分析商品经济运动时指出，在没有货币媒介的物物交换中，买就是卖，卖就是买，买卖行为是同时发生的。在货币产生后，买和卖的行为分离了，买者可能不卖，卖者不一定买。因此，在以货币为媒介的商品交换中，供给可能时而多于需求，时而少于需求。供给与需求相等只是偶然的事。就是说，商品货币关系本身包含着经济波动的可能性。我们发展市场经济，就要正视经济波动。经济波动也是市场机制的作用方式。在经济发展过程中，总是有一些原来先进的生产力变得落后了，需要淘汰，被新的生产力替代。我们也不时用"关、停、并、转"等行政方式淘汰落后生产力，但是行政选择和淘汰成本较高，甚至由于种种原因，我们对有些落后生产力始终难以"忍痛割爱"。市场经济天然具有自发性和波动性，每一次的经济扩张，都孕育着收缩的可能性，而在经济收缩时期淘汰落后生产力是最容易的，市场经济的竞争法则就是优胜劣汰，可以避免人为选择中的主观偏好。利用市场机制淘汰落后生产力比行政办法更加经济，而且更加容易。

第九，要用社会主义制度的优越性弥补市场机制的不足。市场机制在公共品供给领域不能有效发挥作用。市场机制的作用可能导致两极分化，导致部分人口的贫困化。社会主义制度的优越性正好可以在这两个领域弥补市场失灵。一方面，利用国家政权的力量兴办社会事业，增加公共品供给；另一方面，利用财政政策和国家资源扶助贫困地区和贫困人口，实现均衡发展，以逐渐满足全国人民对美好生活的需要。

第十，加强法制和道德建设。市场经济是通过激发人们对财富、对金钱的贪欲推动经济发展的。但贪欲的放纵则会破坏社会的秩序。法制和道德是抑制贪婪的良药，只有法制和道德建设才能筑起阻止贪欲泛滥的堤坝。

（作者单位：四川大学经济学院）

高质量发展的理论与实践
——兼议欠发达地区新时代发展质量的提升

汪晓文

习近平总书记在党的十九大报告中指出：我国经济已由高速增长阶段转向高质量发展阶段，正处在转变发展方式、优化经济结构、转换增长动力的攻关期。这就要求我们必须清楚地看到，高质量发展是当前和今后较长时期我国经济发展转型中必须认真解决好、实现好的重大战略性问题。当然，针对这一复杂而重要的经济学现实问题，经济学家们都提出了非常好的观点和见解。在这里，我主要结合高质量发展这一主题，特别是经济学类本科生培养质量提升问题，谈几点体会。

第一，欠发达地区在实现高质量发展的过程中，必须从培养和积累高质量的经济学基础人才队伍开始，必须紧紧抓住人力资源是第一资源这一要务。比如，甘肃地处内陆，兰州大学扎根西北，近些年来经济学学科发展出现了一些问题，就是人才培养质量存在一定程度的"下滑"。当然，这也是国内很多不同区域的经济学学科遇到的同样问题。因此，作为从事经济学教学科研工作的高校教师，在研究中国经济高质量发展的过程中，必须重视大学在培养经济学高质量本科生上的支撑问题。围绕高质量发展，围绕"双一流"大学建设，如果高校失去了培养高质量人才的发展导向，我国的现实经济社会发展就会出大问题。大学在培养高质量的经济学基础人才的过程中，必须以教育部成都会议精神为指导，在本科生培养质量上狠下功夫。正如教育部部长陈宝生同志所强调的，高等教育工作要全面进入十九大的时间频道、思想频道和行动频道，精心设计好建设高等教育强国的"施工图"，抓质量、抓公平、抓改革、抓开放。高质量发展应该成为新时代高等教育的中心工作。

第二，欠发达地区实现经济社会高质量发展，必须不断总结历史经验教训，在新的时代实现更大突破。改革开放40年来，甘肃延续其跨越八千余年历史和中华民族华夏文明重要发祥地的深厚文化积淀，高举中国特色社会主义伟大旗帜，经济总量持续扩张并逐步实现由数量向质量的转变，全省经济社会发展正逐步摆脱落后走向繁荣。特别是党的十九大以来，省委省政府积极贯彻党中央和国务院各项决策部署，统筹推进稳增长、促改革、调结构、惠民生、防风险各项工作，及时制定出台创新驱动发展和质量导向工作方案，攻坚克难，精准施策，有效地提升了全省经济运行的质量和效益。在经济结构优化方面，改革促使省内国有企业从计划经济的生产车间和政府附属物逐渐转变为市场经济主体，逐步建立了以股份制为主要形式的现代企业制度，国有企业基本实现了股份化和投资主体多元化，并正在向混合所有制转换。同时，得益于国家支持，全省基础设施不断完善，省际主要通道和市州政府所在地实现高速公路全连接，宝兰高铁、兰渝铁路两个重大铁路项目建成投入运营。为实现创新驱动发展，甘肃认真贯彻落实新发展理念，深入实施创新驱动发展战略，坚持"融合、协同、共享"，推进"大众创业、万众创新"深入开展，结合"制造强国""网络强国""军民融合发展"等重大举措，加快转变全省经济发展方式，有效促进新技术、新业态、新模式加快发展。对于甘肃而言，从改革开放40年的历程中吸取成功经验，就是要牢记习近平总书记视察甘肃时提出的"八个着力"重要指示精神，坚持稳中求进工作总基调，统筹推进"五位一体"总体布局和协调推进"四个全面"战略布局，真抓实干、攻坚克难，推动全省呈现出经济平稳发展、民生持续改善、社会和谐稳定、党的建设不断加强的良好局面。

第三，欠发达地区推动高质量发展，必须立足主要发展矛盾的新变化，实现模式的转变和突破。就甘肃而言，当前发展面临着一些困难和问题：全省贫困程度仍然较深，脱贫攻坚工作任重而道远，贫困地区基础设施建设滞后、投入不足，部分地区农村饮水安全标准低、不稳定；一些地区高速公路通畅率低于全国平均水平，农民出行难、运输难问题仍未完全解决；产业结构不够合理，增长模式持续性还不够好，富民产业规模小、产业链短、竞争力弱，缺乏龙头企业带动和重大项目支撑；基本公共服务设施较为薄弱，保障水平仍有待提高；教育总体发展程度落后于全国平均水平，人力资本对地方经济发展的支撑力度有所欠缺，科技创新能力匮乏。因此，对甘肃而言，高质量发展就是要抓住主要矛盾，认真落实全国东西部扶贫协作工作推进会精神，始终把打赢脱贫攻坚战作为头号政治任务，聚焦"两不愁、三保障"，把发展产业作为脱贫的根本之策，完善产业规划，推广先进模式，壮大特色产业，着力补齐产业扶贫这个最大短板，确保扶贫协作取得更大实效。同时，还要将实施乡村振兴战略与打赢脱贫攻坚战、壮大县域经济、推进城镇化、实现高质量发展协调起来，分阶段分层次，统筹谋划，融合实施，努力促进区域内的平衡发展和充分发展。此外，继续抢抓"一带一路"建设这一最大机遇，深化国际产能合作，办好敦煌文博会，加快推动省内优势产业与丝绸之路经济带沿线国家开展跨国合作，积极与"一带一路"沿线国家和地区加强各领域文化经贸交流，在丝绸之路经济带黄金通道建设上不断取得新突破，也是甘肃始终坚持和努力的方向。

第四，为了促进高校和相关智库服务于地方经济社会发展，促进欠发达地区实现高质量发展，高校经济类学院还应该在学科建设上实现理论经济学和应用经济学的双轮驱动。习近平总书记在哲学社会科学工作座谈会上的讲话指出，哲学社会科学的特色、风格、气派，是发展到一定阶段的产物，是成熟的标志，是实力的象征，也是自信的体现。经验表明，理论经济学的发展建设需要长期的积累，应用经济学在现实问题的分析上更有力道。但是，二者发展不均衡就会导致应用分析缺乏理论基础,理论发展缺乏实践检验,这很不利于经济学学科的建设。因此,面对国内各高校(特别是经济类院校)对应用经济学持续大量的投入,我们决不能忽视中国特色社会主义理论经济学的发展与传承。就兰州大学而言,在"双一流"建设中,既立足于传统优势学科的历史积淀,又重视理论经济学和应用经济学学科建设的良性互动发展,对经济学学科建设和高校智库服务于地方经济发展,都显得意义重大。

习近平总书记在给"国培计划(2014)"北京师范大学贵州研修班参训教师的回信中曾指出:扶贫必扶智。让贫困地区的孩子们接受良好教育,是扶贫开发的重要任务,也是阻断贫困代际传递的重要途径。党和国家已经采取了一系列措施,推动贫困地区教育事业加快发展、教师队伍素质能力不断提高,让贫困地区每一个孩子都能接受良好教育,成为对社会有用之才。我们坚信,只要把牢正确方向,严格执行党中央顶层设计和统一安排,认真落实全面深化改革各项决策部署,进一步找准改革服务和保障发展的着力点,进一步保障和改善民生,解决民生热点问题,维护社会和谐稳定,增强人民群众的获得感、幸福感和安全感,扎实推进重点改革事项,构建系统完备、科学规范、运行高效的机构职能体系,甘肃和其他地区一样,一定能够奋力谱写出全面建成小康社会、建设幸福美好新甘肃的崭新篇章。

(作者单位:兰州大学经济学院)

改革开放40年的物价周期波动分析

陈乐一

经济高质量发展的重要内容之一，就是经济稳定增长，避免大起大落，同时物价基本平稳，避免严重的通货膨胀或者通货紧缩，所以物价周期波动问题其实也是属于经济高质量发展的重要内容。

经济研究所纪念改革开放40周年，需要描绘中国经济改革的基本轨迹，归纳基本经验，提炼基本规律，这些年我做的研究就是这么一个工作。我要汇报的"改革开放40年的物价周期波动"，是一个史料分析，也就是一份研究报告，内容谈不上有多少创新，但是新的发现还是有一些，这个是属于我的独立研究。

分析改革开放40年物价波动离不开改革开放以前，也离不开计划经济，分析包括两个时期：第一个是改革开放以前，1978年以前，计划经济体制时期；第二个是1978年改革开放以来，社会主义市场经济体制时期。这很明显，GDP增长率当然是改革开放以前大起大落，改革开放以来逐渐平缓，并且越来越平缓了。改革开放以前，一般我们都认为计划经济体制下我国的物价是稳定的，是固定的，不存在什么波动，但是把数据一分析，可以看到改革开放以前物价存在很明显的波动。改革开放以来更是如此。GDP波动幅度越来越小，但物价波动幅度反而更大了。1966—1977年，物价波动幅度确实不大，基本上是固定的。但是之前物价也有很明显波动，1961年物价上涨16.1%，1963年物价又大幅度下降，为-5.9%。这是很大的波动幅度。为什么波动幅度这么大？计划经济体制下物价波动幅度很明显。改革开放以来物价波动幅度更大了，1988年、1994年物价大幅度上涨。

物价波动其实有几个典型时期，是很值得分析的。一个是1957—1965年的物价波动。这九年可分为三个阶段，每个阶段呈现出不同特征。这个时期波动是很明显的。1957—1959年的物价波动，我总结为呈现出抑制性特征。1960—1962年则表现为混合型特征，出现物价高涨。我发现这几年出现了经济滞胀。1961年很特别，物价涨这么高，达16%，而GDP是负增长为27%。这个现象，我认为当时出现了经济滞胀。1961年物价飞涨，1963—1965年出现通货紧缩。

1966—1977年，全国零售物价总指数增长率和国营商业零售物价总指数增长率很平稳。但是集市贸易消费品价格指数增长率波动幅度非常明显，特别是1970年以后到1976年，这其实能说明很多问题。集市贸易消费价格指数增长率与全国零售物价总指数增长率、国营商业零售物价总指数增长率，在很多地方都出现背离，相对来说，集市贸易消费价格指数更能反映真实的物价波动情况。当时计划经济条件下，集市贸易波动明显存在。在此期间，市价与牌价之差有扩大的趋势，经济供求失衡的情况日趋严重。通过分析发现，市价与牌价之差能够反映经济供求失衡的程度，市价与牌价之差越大，国民收入的缺口也就越大，经济供求失衡的情况也就越严重。

改革开放以来20世纪70年代末到90年代初的十余年物价周期波动特征非常明显。1978年改革开放后，我国价格管理体制的改革在经济体制改革中的重要作用逐渐加强，但总体上仍受经济体制改革的影响，这就导致我国20世纪80年代的物价波动具有很强的体制性特征。与此同时，改革开放的推进极大地改善了居民生活消费水平，同时也激发了市场消费需求活力，但这一时期由于社会物资供应不足，导致各方面的物价出现显性上涨。由于我国价格改革起步较晚、稳定性较弱，再加上1988年政府对当时经济社会和居民消费水平的承受能力判断不足，导致这一时期我国的物价波动十分剧烈，物价波动的脆弱性特征被逐渐放大。

改革开放初期物价改革的成就是显著的，经验是丰富的。纵观

20世纪80年代的物价改革历程，我们可以加以概括、总结出以下几点启示：第一，价格改革必须坚持市场化取向，推行渐进式改革模式。第二，价格改革要按照经济体制改革的要求，同国有企业等其他改革协调配套。

20世纪90年代经历了一轮完整的物价周期波动，即1991—1999年的物价周期。这是改革开放以来持续时间最长、波动幅度最大的一轮物价周期，持续时间长达9年，峰谷落差高达25.5%。可以看到的是，通过对80年代末期经济的"治理整顿"，我国经济在邓小平同志"南方谈话"后进入高速发展的快车道，但由于货币供应量大幅增加，全社会固定资产投资和金融信贷规模急剧扩张，导致1994年10月物价涨幅达到27.7%，全年涨幅更是达到24.1%，是中华人民共和国成立以来物价上涨最高的一年。随后政府开始收紧银根、大幅减少财政支出，以抑制物价上涨，在政府多方面的努力下，物价上涨得到了有效抑制，经济运行成功实现"软着陆"，物价涨幅在1999年4月下降至-2.2%，全年涨幅为-1.4%。整个物价周期的年均涨幅为8.3%。

总的来说，我国20世纪90年代的价格体制改革是成功的。当然，这期间物价也出现过大幅上涨，也出现过轻微的通货紧缩。因此，我们要从正反两方面对90年代的物价改革经验进行总结：继续坚持市场化改革取向；加大农产品价格监管力度，继续完善粮食价格调控体系；完善资源性产品价格形成机制，积极推进垄断行业价格改革；深化金融体制改革，增强外部冲击抵御能力；增强国内市场价格与国际市场价格间的联系，建立合理的市场竞争机制。

改革开放以来，我国物价运行过程中既出现过通货膨胀，又经历过通货紧缩，但主要以通货膨胀为主。分析改革开放以来我国历次物价周期波动，可得到以下若干启示：货币政策的频繁变换增强了物价走势的不确定性；外部冲击对物价波动的影响力不可小觑；食品价格的持续上涨助推了物价上涨；物价波动中不可避免地夹杂着资产价格因素；流动性过剩的滞后影响加大了物价上涨压力；劳动力成本的提高对物价波动的影响日益凸显；物价波动中的公众预期因素不断增加。

这些启示中，我觉得有特色的是，劳动力成本的提高对物价波动的影响日益体现出来。近年来，我国劳动力成本在劳动力供需结构性矛盾、人口老龄化、最低工资制度等因素的影响下不断提高，造成国内企业的生产成本增加，企业增加的成本通过价格机制传导到商品价格上，最终导致物价波动。以2004—2015年城镇单位就业人员工资为例，2004年城镇单位就业人员平均工资为15920元，2015年则增长至62029元，增长了近2.9倍。此外，2004—2009年城镇单位就业人员平均货币工资指数与CPI的相关系数达到0.85，2010—2015年的相关系数则扩大至0.88。由此看出，劳动力成本的提高与物价波动之间的相关性不断增强，劳动力成本的提高，无疑对物价波动产生了重要影响。

改革开放以来的几轮物价上涨，都或多或少地受到居民通胀预期的影响，在通胀预期的影响下，市场消费需求逐渐增加，货币流通速度不断加快，从而对物价上涨形成较大影响。以1988年的"价格大闯关"为例，当时由于受价格大幅放开的影响，公众通胀预期显著增强，市场消费需求空前旺盛，一度出现了"抢购风"和"挤兑风"，最终导致了1988年物价大幅上涨。此外，近年来，我国政府在控制通货膨胀时，更加注重了对央行预期管理的应用，而加强预期管理对降低公众通胀预期、减轻物价波动的影响起到了重要作用。

政府如何采取措施有效化解通缩风险，并重点防止物价大幅上涨，缓和物价波动，保持物价在合理区间内平稳运行，也就成为新常态下宏观调控的重要一环。对此，本文提出以下几点对策建议：加强利率机制在货币调控中的作用，提高货币政策灵活性；制定资源利用的中长期战略，增强抵御外部冲击能力；推进农业供给侧结构性改革，保障粮食和食品有效供给；提升资本市场广度和深度，促进资本市场平稳运行；完善政府对投融资的行政管制，有效化解流动性过剩；提高劳动生产率与优化企业成本结构并进，减轻劳动力成本上升对物价波动的影响；加强通胀预期管理，形成理性和稳定的预期；运用大数据等信息技术提高价格监管水平与预警能力；加强对国际商品市场价格运行的监测，提前响应外部因素对物价运行的冲击；进一步深化国内价格体制机制改革。

这些对策中，要突出几点。

为减轻劳动力成本上升对物价上涨的影响，须从提高劳动生产率和优化企业成本结构两方面入手。第一，在提高劳动生产率方面，应积极鼓励产业升级和技术进步，促进技术更新换代，加快整合生产和市场要素，强化劳动者素质能力提升，加强企业内部管理和企业文化建设。第二，在优化企业成本结构方面，应降低企业税负，减少企业非生产经营性人工成本，减轻企业负担，降低企业的融资成本和制度性成本，增加与产业政策相符的减税优税安排。第三，加快健全最低工资制度、劳动合同制度、工资协商制度等劳动力市场制度体系，加强重点群体就业保障，也是减轻劳动力成本上升对物价上涨影响的重要保障。

为保证物价平稳运行，加强通胀预期管理，形成理性和稳定的预期是必不可少的。首先，必须增强经济政策的稳定性与连续性，提高政府政策透明度，强化市场在形成预期时可获得的信息。其次，应加强有效预期管理，增强政府与市场的有效沟通，促进政策制定者对未来物价的走势作出更好的判断。最后，须加强市场上基础性和源头性价格的监测，引导市场价格平稳运行。

还有一个基础性问题，运用大数据等信息技术提高价格监管水平与预警能力。为有效收集、处理、汇总、分析各种市场信息，充分考虑物价水平及其各种影响因素的动态性与实时性，以便对物价波动做出及时反应，我们应采取措施，着力构建国内物价大数据平台，完善物价监测与预警系统建设，不断提高国内价格的监管水平与预警能力。首先，建立统一的价格监测大数据平台，拓展价格监测的领域和范围，推动价格大数据监测可视化。其次，促进物价大数据的开放与共享，加强各级价格检测部门之间的信息共享，健全物价信息社会公示制度，保障物价信息及时、准确的公开发布。再次，加强物价大数据监测预警分析，完善物价异常波动的紧急报告制度，建立价格监测预警指标体系，合理设定警情区间。最后，加强价格预警指数建设，建立健全价格预警机制，将资产市场纳入价格监测与预警体系。

（作者单位：湖南大学经济与贸易学院）

经济增长的三个历史阶段：
一个政治经济学视角

邓宏图

一

就经济增长的特征和发展战略来看，中国经济增长的历史可以概括为三个阶段。第一阶段，重工业发展阶段。重工业建设究竟对中国长期经济增长有没有作用，有多大作用？应当如何评估这个历史阶段？就是说，重工业优先增长战略究竟在何种程度上影响了长期经济增长，它与长期经济增长究竟是什么样的关系？第二阶段，比较优势发展阶段。当不同省份基本上具备了发展比较优势的工业化条件后，潜在比较优势转变成了实际比较优势。由于成功地利用了比较禀赋资源，例如人口红利、土地红利而拥有更高的储蓄率、更少的土地征用成本，从而提高了投资的整体效率，实现了长达近四十年的高速增长。第三个阶段，新常态（供给侧改革）发展阶段。2010年后，由于劳动人口占比渐渐下降，城镇化率不断提高，劳动力价格不断上扬，人口红利渐渐消失，土地财政也因为地方政府债务占比不断上升而变得难以为继，以要素驱动经济增长的态势慢慢消减，经济发展进入新常态，此时，通过体制机制创新，优化要素配置，培养新的增长潜力，提高科技创新能力，强化企业的竞争优势，实现经济高质量增长，跨过中等收入发展阶段，进入发达国家行列。这个阶段是一种超越比较优势发展战略的新的历史阶段。超越比较优势发展战略,并非不要利用比较优势,而是在充分发挥比较优势的基础上,更加注重企业的自主创新,提高增长的质量,实现经济与社会的均衡发展。

重工业主要包括钢铁、化工、冶炼、重型机械制造,它不仅为基本建设提供了必要的工业化条件,例如为铁路建设、水利水电事业(大型灌溉设施)提供动力(包括各类机械作业平台、燃油和电力驱动等设备)、原材料(包括服务特殊建设任务的特种钢材等)、勘探设备等,也为其他产业(例如半导体产业、通信业、轻工业、农业等)提供必备条件,因而客观上构建一定数量和规模的重工业是一国实现长期经济增长的先决条件(门槛条件),具有极强的外部性和外溢性。

研究发现,在长期,重工业优先增长战略与长期经济增长的关系是复杂的,但并非杂乱的、随机的,是有规律的。我们发现,在长期,重工业与长期经济增长之间呈倒"U"形关系,即总的来讲,在经济发展初期,随着重工业资本占比的不断增加,社会总产出也在不断地增长,与此同时,重工业的资本占比在边际上是大于零的,意味着随着重工业资本占比的不断增加,社会总产出也会不断地增长;不过,当重工业资本占比增长至某个临界值时,重工业的资本占比的边际产出率为零,社会总产出达到最大,此时,总产出最大的点正是工业化和经济增长阶段的拐点,意味着重工业优先增长的阶段已到极限,接下来,应当调整经济发展战略,否则,不仅社会总产出将下降,要素配置效率也将快速下降。当到达拐点,如果还一味地强化重工业,却不能全方位地推动非重工业,例如轻纺工业、服务业等其他产业,经济增长就会失衡失速。在这个阶段,不是说重工业不存在了,不发展了,而是说拐点(即 M 点)之后,应当利用重工业的溢出效应和外部性,迅速推进非重工业的发展,并根据实际情况和资源禀赋特征使重工业、轻纺工业、第三产业彼此协调,均衡发展。这个阶段即实施比较优势发展战略的阶段。需要注意的是:

其一，对一个后发大国来说，如果因为历史原因而极度缺乏重工业，没有起码的原始积累和持续的资本积累能力，就无法有效地发挥由资源禀赋决定的比较优势，此时，重工业的投资所导致的边际产出率要比非重工业导致的边际产出率高，使得作为后发大国的中国，在内忧外患、百废待兴和百业待举的现实压力下，选择重工业优先发展战略相比选择比较优势发展战略更具有"经济上的合理性"。换句话说，一定数量和质量的重工业和相应的基础设施，是比较优势发展的"门槛条件"。

其二，在重工业发展阶段，并非只发展重工业，农业、轻工业和其他产业也要有相同程度的发展，只不过在拐点到来之前，资本积累优先地用于重工业。例如，1956年召开党的八大，刘少奇就指出，重工业是中国建设的重点，必须优先发展生产资料的生产，但是决不能因此忽视生活资料，尤其是粮食的生产。在发展重工业的同时，要注意调整重工业和农业、轻工业的投资比例。

其三，在拐点之后，尽管比较优势发展战略替代了重工业优先发展战略，但并不意味着不再发展重工业，只不过此时的资本形成多元而复杂，而资本将首先投向具有比较优势的产业，即以比较优势和要素配置效率为资本流向的"基本依据"。

二

换种划分方式，可将重工业发展阶段定义为初始工业化阶段；将比较优势发展阶段定义为全面工业化阶段；将新常态发展阶段定义为创新驱动阶段。大体说来，就中华人民共和国成立70年来划分，重工业发展阶段大约在1953年到1979年，这是重工业的启动和发展阶段，是为此后的潜在比较优势转变为实际的比较优势提供基础和条件的阶段。

改革开放之后，在工业总产值和基本建设固定资产投资中，虽然轻工业有了一定程度的发展，不过无论是重工业产值占比还是重工业的固定资产投资占比均高于轻工业的相应值,其中重工业产值占比在略微下降与平稳维持后,1999年又开始迅速上升,重工业固定资产投资占比则在1980—1981年小幅度短暂降低后再度上升。这表明,从第一阶段过渡到第二阶段,不是一下子就完成的,因为重工业投资有一个自然的延后期,但此时,比较优势的重要性逐步被人们所认识,人口红利、土地红利越来越成为可以利用的"优势",重工业优先增长逐步让位于比较优势发展。尽管资本存量占比在改革后的一段时期内依然有所上升,但人口红利的优势开始显现,随着土地联产承包责任制的实施,大量的农民工开始在全国范围内与工业资本进行有效的配置,表明比较优势开始发挥作用。从重工业发展阶段转向比较优势发展阶段要经过一个过渡期。

从逻辑上说,第二阶段,即比较优势发展阶段,是在工业化的"门槛条件"得到满足的情况下市场经济体制不断建立、扩展、深化和完善阶段。在这个阶段,一个显著特征是比较优势发展战略替代了重工业优先增长战略,市场在资源配置中逐渐地起着决定性作用。其实,就中国经济而言,目前已进入到第三阶段,即新常态阶段,即在发挥比较优势的基础上,强调供给侧改革,更强调自主创新。既然如此,研究者就有必要构造一个分析框架来为这三个阶段的递进、转换和发展提供逻辑自洽的理论解释。借助理论分析与实证研究,本文发现存在一个有关重工业战略与经济增长的倒"U"形理论。

笔者注意到,国内许多学者对经济发展的第二阶段和第三阶段进行了详尽而又缜密的分析,取得了显著的成果。他们的研究正是本文所阐释的长期经济增长的"三个历史阶段"的重要参照。

从改革后的长时段来看,重工业仍在发展当中。事实上,随着市场深化和内外贸易量的不断扩大,各种基础设施和基础工业,包括航运、水运、铁路、电信、石油、煤炭、钢铁、机械制造、航空航天等均要不断地发展以适应、满足市场深化和贸易扩张带来的更多需要。经济总量扩大了(2010年,我国成为全球第二大经济体),分工与专业化体系更复杂了,经济结构、产业结构更多元了,需求层次更"立体"了，内外贸易更频繁了，则重工业一定会适应这些新的变化而不断发展壮大，但此时的重工业的扩张并非重工业优先发展战略的产物，而是重工业发展偏向与比较优势开始发展共同作用的结果。理论研究与实证分析均表明，而且亦有丰富的史料支持这样一个判断：当重工业资本积累到相当程度，已经可以为全面工业化和长期经济增长提供充分的"门槛条件"，而且重工业的外部性和外溢性已足以使各省区充分地发挥他们各自的比较优势，如果此时适时调整工业化和经济发展战略，由"重工业增长优先"转变为"比较优势发展优先"，则国民经济将进入全新的发展阶段即工业化和经济增长的"路径分岔点"。反之，如果此时继续实施重工业优先增长战略，则国民经济将"失速失衡"，甚至进入负增长阶段。

三

正如蔡昉副院长指出的，人口红利来自人口结构特别是年龄结构的特殊属性，这类属性可以使经济增长获得额外的有利因素，支撑较高的潜在增长率。一旦具备了充分条件，这种潜在增长能力便得以转化为实际高速增长。作为人口转变规律的必然结果，人口红利终究要消失，长期经济增长必然要寻找更可持续的增长源泉。但是，如果能够在挖掘劳动力潜力和改变抚养比的构成因素上做文章，即通过更充分的就业、劳动力重新配置和更好的人力资本积累，把数量减少的劳动年龄人口变得更富有生产性。蔡昉副院长所分析的正是经济增长的第三个阶段，即创新驱动阶段，蔡昉副院长认为这个阶段是超越人口红利阶段，我们则进一步把这个阶段定义为超越比较优势战略的发展阶段。只有通过优化人力资本、构建更有利于市场配置资源的体制机制，才能为跨越中等收入阶段，实现长期经济增长提供新的动力引擎。

（作者单位：广州大学新结构经济学研究中心）

第四次工业革命与我国要素生产率提升

杜传忠

要素生产率是指经济发展中要素的生产效率，是决定一个国家经济增长质量与水平的关键要素。经济学上对于生产率的研究，主要是考察劳动生产率和全要素生产率（TFP）。前者是单位劳动力每小时的生产量（价值）；后者是各种要素投入水平在既定条件下所达到的额外生产效率，它在很大程度上决定一个国家或地区经济总体效率，并进而决定一个国家经济的未来可增长性和长期繁荣程度。历史上的工业革命时期，往往是科技创新集聚发生的时期，科技创新引发大规模的组织创新和生产方式创新，使要素质量及配置效率得到明显改善，从而有力地促进了要素生产率的提高。2008年国际金融危机发生之后，一场以大数据、物联网、移动互联网、云计算等新一代信息技术为主导的新的工业革命正在全球孕育发生，其对要素生产率提升乃至对全球经济复苏及走向的作用与影响，越来越成为全球关注的重要问题。

第四次工业革命对要素生产率的提升作用主要是通过以下机制实现的：

第一，信息、数据等新兴要素的高效率及其对传统要素的提升功能。要素自身效率和配置效率的提升是要素生产率提升的基本路径。在第四次工业革命条件下，知识、信息、数据等将代替农业经济与工业经济时代的土地、资金、劳动等有形实物资本，成为经济增长的主导性生产要素与战略性资源，其知识和智力密集型程度更高，并具有易复制性、零边际成本、非损耗等特性，并能形成强大的溢出效应，对资本、劳动、企业家才能等传统要素具有较强的渗透、改造和提升效应，由此将显著提升要素生产率。

第二，企业组织结构、商业模式和管理方式得到极大的优化与创新。在第四次工业革命条件下，互联网及新一代信息技术促进了企业组织的变革与重构，生产模式从大规模流水线生产向"以迅速满足顾客需求为中心"的大规模定制化转变，由此要求企业组织结构日趋向扁平化发展，通过精简层次、压缩机构，并广泛使用管理信息系统、办公自动化系统等信息化管理技术，增强组织的快速反应与应变能力以快速响应市场需求，提高组织管理效率。在第四次工业革命下，以新一代信息技术推动的信息化建设则更加强调在信息网络与物理系统的融合发展中为智能化提供服务，更加注重企业在嵌入生产链与价值链的过程中互联互通、协同共享，通过增值环节的整合与价值链的重构实现智能化生产。

第三，服务业效率得到显著提升并在一定程度上减弱了"鲍莫尔效应"。工业经济时代，服务业生产率较制造业低，存在所谓"鲍莫尔效应"。随着第四次工业革命的发生发展，互联网及新一代信息技术在服务业中得到广泛应用，尤其是移动互联网和物联网的发展使得基于消费者需求所产生的服务业商业价值不断扩大，由此正在显著改变着服务业"鲍莫尔效应"的技术经济条件。在消费互联网模式下，电商利用互联网在一定程度上打破了消费者与厂家的信息不对称，形成了生产者直接面向消费者的商业模式，为消费者搭建起更加高效、便利的消费平台，大大减少了中间环节，显著提高了产业效率。

与此同时，现代服务业与制造业的不断融合推动了制造的服务化，众多制造企业的主营业务逐渐向服务领域衍生和转移，研发设计、产品营销、金融服务、战略咨询等专业化生产服务与中介服务成为构建竞争优势、提高经济效益的重要因素。

第四，具有较高生产效率的新产业、新业态大量涌现。历史上每一次科技革命与产业变革都会催生一批新业态，推动产品、服务生产和存在方式产生重大变化，并带来生产效率的极大提升。当前，以新一代信息技术的深度融合应用为核心，以数字制造技术、互联网技术、新能源技术、新材料技术等一系列颠覆性技术的重大创新与融合应用为代表的全新技术创新体系带动了产业形态、制造模式、运营方式、组织结构等的深刻变革，推动了一系列新业态的出现、发展与壮大，并将在更大程度上转换为对生产率提升和经济增长的巨大贡献。

以分享经济为例，作为一种新型经济形态，分享经济以更低成本和更高效率激活并整合了全社会的剩余和闲置资源，从而为经济社会提供了一种加速要素流动、实现供需高效匹配的最优资源配置方式，能够调动全社会最优质的资源参与到整个生产过程中，大大提升了资源对接和配置效率，提高了资产使用效率和经济中的有效资本存量（尤其是无形资本），带来生产率的提升。

关于产业革命与生产率的关系，1987年，诺贝尔经济学奖获得者、美国著名经济学家索洛提出影响广泛的"计算机生产率悖论"，也称"索洛悖论"，即"你可以在任何地方看到计算机时代的来临，但是在生产率的数据统计方面除外"。"索洛悖论"对计算机的生产率效应提出质疑。对于"索洛悖论"，人们展开大量讨论，并大致达成以下共识，即计算机在产业和经济中作用的发挥，以及它对生产率提升作用的显现，一般要经历一个相对较长的时期。事实上，正是经过几十年计算机发展和应用的积累，进入20世纪90年代以后，美国实施了"全国信息基础设施""全球信息基础设施"计划等应用信息技术的战略及规划，使信息产业成为推动其经济增长的主要部门，信息技术对生产率提升的作用明显体现出来。根据著名经济学家乔根森等的统计分析，1995—2000年，美国经济的生产率提高主要来自信息技术，包括计算机、半导体、软件和电信设备等的研究与制造部门。这些部门仅占GDP总量的3%，却拉动了这一时期美国一半以上的生产率提高。理查德·纳尔森等也通过大量实证分析得出，计算机的生产与使用以及互联网的传播导致的技术进步是

20世纪90年代后期美国生产率复苏和经济增长的主要原因。

2008年国际金融危机之后，美国生产率变化总体不太乐观。国际劳工组织的数据显示，1996—2007年美国劳动生产率增速平均为2%，2008—2010年平均为1.2%，2011—2015年平均为0.8%。全要素生产率也出现明显下降，2007—2012年年均增长率为0.2%，2013年为0.6%，2014年进一步下降为0.1%，2007—2014年年均增长率仅为0.5%。这说明，近年来，尽管智能科技、云计算、大数据等新一代信息技术发展迅速，但在对全要素生产率的提升效应方面还不明显。主要原因大致包括：一是目前用来衡量生产率的统计数据和体系无法充分体现技术上的全部最新进展，尤其是不能全面衡量来自新的、更高质量的数字技术等领域的技术进步。二是新生的数字科技等在整体经济中的扩散、传导与推广比较慢，其对生产率的提升效应需经历一个较长的过程才能显现。在第四次工业革命孕育发生过程中，作为其主导性技术的信息技术正持续地向更多经济部门扩散和渗透，由此将带动生产率的进一步提升。这也意味着，近年来的生产率放缓趋势很可能只是一种暂时现象，从长期看，推动生产率持续增长的主要动力仍将是以新一代信息技术为核心的科技创新引发产业创新，从而驱动全要素生产率的提升。考虑到第四次工业革命的基本趋向是以新一代信息技术为核心的更大范围内的各项颠覆性技术向个人、企业、产业和更广泛的经济领域深度拓展，因而，其带来的生产率提升效应是可以预期有良好前景的。

我国经济发展新常态与第四次工业革命和全球产业深刻变革形成历史性交汇。在经济新常态下，支撑我国经济快速增长的传统要素红利逐渐消失，全要素生产率呈现一定程度的下降趋势。测算数据显示，中国全要素生产率的增速从1995—2009年的年均3.9%下降到2011—2015年的3.1%，而按照这个趋势，"十三五"期间全要素生产率的增长将进一步降低到2.7%。因此，以提升全要素生产率为核心，着力打造经济发展新动力，已成为我国经济保持中高速增长、迈向中高端水平的必然要求。为此党的十九大报告明确指出，我国经济要实现质量变革、效率变革、动力变革，提高全要素生产率。

抢抓新一轮工业革命发展机遇，加快提升要素生产率，应采取以下措施：

第一，政府为正在形成的数字化新经济搭建良好的管理架构。数字经济需要与之相适应的新的管理体系以及灵活的治理框架。政府应建立并完善包容性的经济制度，并提高产业政策的创新效能，以便于充分发挥市场的资源配置作用，合理引导要素流动，充分释放创新潜力与投资效率。

第二，企业应强化技术创新对生产效率提升的主导作用。第四次工业革命中不断涌现的诸多新技术给当前的产业价值链带来颠覆性变革，为适应不断更迭的技术与市场，企业的首要任务是加强技术创新能力，以技术创新推动组织结构变革、商业模式创新，改善经营方式，从而提高生产效率。企业应提高对产业与技术升级趋势的敏感度，更加关注技术创新带来的价值创造而非市盈率代表的投资价值，并加强与高校、科研机构等创新主体的合作，强化协同创新与技术成果转化能力；同时，基于客户需求和资源整合，探索能够显著降低行业成本、提高行业效率的商业模式，积极寻求开发新技术与新模式、拓展市场的新思路。

第三，加快提升人力资本素质，为应对新工业革命提供充足的人才支撑。第四次工业革命在冲击就业市场的同时，也为创新创业活动创造了良好机遇，新技术、新产业、新业态和新模式为人力资本的积累与能效释放提供了新的平台，人力资本作为"第一资源"的作用和角色更加凸显。为更好地应对第四次工业革命的冲击，人才培养应从培育就业技能向创新、创业、创造能力转变，要更加注重强化在持续变化的动态环境下不断自我调整以学习新技术、新工艺、新方法的能力，并培养网络化思维和跨界整合的技能。为此，我国必须调整高等教育结构，构建新型人才培养体系，大力培养适应第四次工业革命需求的创新人才、管理人才和高技能应用型人才，逐步摆脱劳动密集型生产范式的技术路线锁定，全面提升劳动生产率，获取经济发展的持续动力和竞争力。

第四，加快互联网与各产业深度融合，全面提高产业生产效率。总体上看，目前我国服务业对互联网及新一代信息技术的应用较为广泛，成效也较显著。但服务业生产率总体上低于制造业，总的来说，我国下一步通过第四次工业革命提升要素生产率的重点应是加快互联网及新一代信息技术与制造业的融合。因此，一方面，应按照《中国制造2025》确定的目标要求，以提质增效为中心，以互联网及新一代信息技术与制造业深度融合为主线，以推进智能制造为主攻方向，同时大力发展服务型制造和生产性服务业，推动制造业商业模式、组织结构和业态创新，促进生产型制造向服务型制造转变。另外，基于信息技术的创新应用实现农业生产率的提高同样是我国生产率提升的重要方面，也是农业现代化的基本条件。目前我国农业劳动生产率仅为世界平均值的47%、高收入国家平均值的2%、美国的1%。因此，通过将互联网与农业产业链的各环节相链接，提高农业全要素生产率，将成为我国创新农业发展方式、加速推进农业现代化的重要动力。

（作者单位：南开大学经济与社会发展研究院）

公共部门的养老与教育支出对人力资本及经济增长的影响机制研究

秦雪征

在人口老龄化和经济增速放缓的背景下，加快经济转型升级、提高社会养老保障水平成为当前我国政府的两项紧迫任务，这就使得政府面临着在公共养老支出和公共教育支出之间权衡取舍。首先，随着人口老龄化趋势的不断加剧，我国社会的养老危机愈加严重，这在客观上要求政府继续加大财政养老支出的规模，同时加快社会养老保险的普及、提高社会养老保障的水平。其次，人口老龄化态势的加剧和劳动力成本的上升正在使我国经济的人口红利逐步消失，加快人口红利向人力资本红利的过渡、实现经济增长更多依靠创新和技术进步，需要政府进一步加大对公共教育的投资。然而，受到公共财政预算的制约，政府不可能无限制地增加公共养老和公共教育的支出规模，使得这两类重要的社会支出呈现出互为消长的矛盾关系，而如何在上述两类支出之间进行合理配置以实现人力资本的可持续积累和经济的高质量增长就成为我国政府亟须破解的难题。而要解决这一问题，首先必须弄清公共养老和教育支出对人力资本积累和经济增长的影响机制：如果从公共教育向公共养老的支出转移能够在提高社会养老保障水平的同时促进人力资本的积累与经济增长，那么政府就可以在进行公共支出时优先考虑养老支出，而让公共教育支出主要起引导私人教育投资的作用；如果削减公共教育支出而增加公共养老支出从长期来看不利于人力资本的积累和经济增长，那么政府就应该优先进行公共教育投入，并通过其他非公共财政措施来提高社会养老保障水平。因此，我们通过引入子女对父母的利他主义动机，从而将家庭的养老支出决策内生化，同时考虑政府公共养老支出与社会养老保险费对经济增长的各自贡献，在代际交叠（OLG）模型的一般均衡分析框架下，探讨了公共部门在养老和教育支出之间的统筹决策对人力资本以及经济长期增长的影响。

相比前人的研究，我们的创新之处主要有以下几点：第一，根据我们对近期文献的一个回顾，我们发现除了父母对子女的利他性之外，在我国儒家文化的社会环境下，长期"孝"文化的熏陶和"百善孝为先"的传统使得子女对父母存在着利他主义动机。因此，我们在家户决策中引入了双向利他的效用函数。第二，我们综合考虑了家户、厂商和政府的决策，在一般均衡分析框架下阐释了公共与私人部门的养老和教育支出对人力资本积累和经济增长的贡献机制。第三，OLG模型同时考虑了人力资本的直接与间接传递在人力资本积累中发挥的作用，从而为人力资本对经济增长的贡献机制提供了更全面的解释。第四，我们首次考虑了财政养老支出与社会养老保险在筹资渠道及对人力资本积累的影响机制方面的差异，并利用最新全国性的省际面板数据对理论分析的结论进行了检验。

在我们的理论模型中，经济由家户、企业和政府三个部门组成。首先，家庭中的每个代表性个体一生经历三个时期：幼年期、成年期和老年期。在幼年期，个体接受家庭内部父辈的教育投入以及政府的公共教育投入而积累人力资本。需要注意的是，人力资本具有代际传递的特性，即它可以在父代与子代之间传递。这种代际传递包括直接传递和间接传递两种路径：前者指父母的健康、教育等人力资本通过基因遗传或言传身教等途径直接传递给子女；而后者则是指父母的人力资本通过影响自身的收入进而影响其对子女的教育投资能力，从而间接影响子女的人力资本水平。在成年期，个体通过劳动获得收入，在缴纳收入税和社会养老保险费之后，将可支配收入用于当期消费、储蓄、家庭养老支出、生育和子女的教育支出。在老年期，个体退休不再工作，依赖成年期的储蓄带来的回报、子女的家庭养老支出以及政府发放的养老金维持生活。由于双向利他的动机,每一个成年个体从自己的两期(成年期和老年期)消费、老年父母的消费和子女的成功(人力资本)中获得效用。因此,家户的决策就是成年个体在成年期和老年期的预算约束下,通过选择自己的两期消费、储蓄、家庭养老支出、生育率以及对每个子女的教育投入来最大化自己的效用。其次,企业的决策是,在完全竞争市场中通过选择物质资本和人力资本的投入生产单一的最终产品,以获取利润的最大化。再次,政府预算包括公共财政预算和社会保障预算,政府的行为就是要使两种预算在每期都要实现收支平衡。我们假定公共财政预算支出只包括公共养老支出(政府对养老金的财政转移)和公共教育支出,以集中考察政府在两类支出之间的统筹决策对人力资本积累和经济增长的影响。社会保障预算的收入来自于公共财政预算里的公共养老支出以及成年人缴纳的社会养老保险费,并且社保制度为现收现付型的。最后,在一般均衡状态下,家户和厂商分别实现了效用最大化和利润最大化,政府实现了预算平衡,并且物质资本市场和劳动力市场都实现了出清。

经过一系列的数学推导,我们求解出了平衡增长路径上的储蓄率、家庭养老支出的比重、家庭教育支出的比重、生育率以及父母对每个子女的教育投入。接下来,为了分析政府在公共养老与教育支出间的统筹决策对人力资本和经济增长的影响,我们对求解出的上述均衡解进行了比较静态分析,并得出如下结论:第一,在收入税率与社会养老保险缴费率不变的情形下,公共养老支出的相对占比增加(表现为从公共教育向公共养老的财政支出转移或在财政预算上升时两种公共支出的相对比例变化)将降低家庭养老支出的比重。也就是说,社会养老与家庭养老之间存在着相互替代的关系。第二,在收入税率与社会养老保险缴费率不变的情形下,公共教育支出与公共养老支出之间的再分配不会影响均衡增长路径上成年人的储蓄率。第三,收入税率与社会养老保险缴费率保持不变时,政府在公共养老与教育支出间的统筹决策对家庭教育支出的比重的影响取决于父母对子女的利他程度。第四，当收入税率与社会养老保险缴费率保持不变时，政府在公共养老与教育支出间的统筹决策对家庭生育决策的影响取决于成年父母对子女数量的相对重视程度。第五，当收入税率与社会养老保险缴费率保持不变时，只有父母对子女的利他程度足够大或者对子女数量的相对重视程度足够小，公共养老支出的相对占比增加才能使得成年父母提高对每个子女的教育投入。第六，当收入税率与社会养老保险缴费率保持不变时，政府在公共养老与教育支出间的统筹决策对人力资本积累与经济增长的影响方向取决于其对家庭教育支出与公共教育支出影响的相对大小。

从上面的论述可以看出，政府在公共养老与公共教育支出间的统筹决策对家庭教育支出比重、家庭养老支出比重、生育率以及经济增长率的影响取决于一定的参数条件。因此，我们选取了一些现实的参数，利用数值模拟的方法分析了政府决策的具体影响。数值模拟的结果是，在我国的经济环境下，公共养老支出的相对占比增加虽然能够提高家庭教育支出的比重，但是这种正向的影响并不能抵消其对公共教育支出的负面作用，最终将抑制人力资本的积累，降低我国的经济增长速度。同时，如果为了解决养老问题，扩大社会养老保险覆盖面的政策对经济的长期增长更加有利。该政策会提高家庭教育支出的比重，降低生育率，从而显著提升单个子女获得的教育投入比。但是，该政策直接减少了家庭的可支配收入，导致父母对每个子女教育投入的绝对水平没有明显增加，对人力资本积累和经济增长的促进作用并不明显。

最后，为了对前面的分析结果进行检验，我们利用1997—2015年我国的省际面板数据，结合动态面板的计量方法，作了进一步的实证分析。首先，计量模型的被解释变量是人均实际GDP的年均增长率，核心解释变量是公共养老支出在财政预算中的占比、收入税率以及社会养老保险缴费率。由于现实中大多数经济体（尤其是像中国这样正在急速转型的国家）并非处在均衡增长路径上，因此作为稳健性检验，我们也选取了地区平均受教育年限作为被解释变量，以考察政府在公共支出间的统筹决策对人力资本积累的影响。其次，考虑到解释变量可能存在的内生性问题，普通的固定效应回归可能无法给出准确的估计结果。为此，我们引入因变量的滞后项，并采用系统广义矩估计（SGMM）方法对回归方程进行估计。最后，回归结果与我们理论分析及数值模拟的结果保持一致：公共养老支出占比的估计系数均为负值且较为显著，养老保险缴费率的系数为正但不显著。这意味着我国政府公共养老支出的相对占比增加给各地区的人力资本积累以及经济增长带来了显著的抑制作用；相反，扩大社会养老保险覆盖面的政策则能够维持经济的持续平稳发展。

我们的研究也为我国相关政策的制订和实施提供了参考。首先，根据上述分析，公共养老支出对家庭养老存在明显的替代作用。考虑到人口老龄化以及平均家庭规模逐渐缩小的趋势，政府有必要进一步推进和完善社会养老保障体系以应对家庭养老保障日益减弱的趋势。其次，相较于在公共财政预算内增加公共养老支出的相对占比，扩大社会养老保险的覆盖面对于经济的长期发展是更为有效率的政策。因此，政府在解决养老金支付危机时，应该避免以往直接在公共财政预算里进行转移支付的思路，而应转为采用扩面征缴的方法使社会养老保险覆盖更多的人群。这样，一方面能够推进社会保障体系的进一步完善，另一方面又可将更多的公共财政支出用于人力资本投资，为经济的转型升级奠定坚实的基础。最后，由于从公共教育向公共养老的财政支出转移会给目前我国经济的长期增长带来负面影响，因此政府应进一步严格各地养老财政补助的发放条件、明确社会养老保险管理的责任，避免由于征缴不到位或短期政绩需求所导致的养老补助不合理情况的增加，从而进一步提高公共养老支出的使用效率。

（作者单位：北京大学经济学院）

农业高质量发展路径探析

金成武

中国的许多事情，重要的不是讨论"这件事情重不重要"，而是讨论"这件事情要怎么做"。这其中就涉及具体行动路径的讨论。但是路径讨论还是离不开事先具体概念上的分析。

高质量发展，需要有一系列具体的可观测的指标或标准，才能判断现实中的某一活动是不是属于高质量发展的内容。这一系列指标或标准需要有一套内洽的逻辑，不能只是简单地堆加在一起。特别是，某些指标或标准可能是难以兼顾的，它们存在此消彼长的权衡关系，高质量发展的逻辑必须对其中可能存在的权衡关系做出具体的、确定的、可操作的说明。同时，高质量发展还有阶段性或历史性，一个经济体在不同发展阶段上，高质量发展会有不同的具体的历史的要求，或者说，这一系列指标或标准必须有历史现实性，不能脱离当时的客观条件。

以"提高生产效率"为例。高质量发展的一般含义中不会不涉及提高生产效率的内容。而提高生产效率不会只是纯粹的物理量意义上的"投入—产出"关系变化。这里面，一是要清楚，生产中究竟投入或使用了什么，生产或出现了什么；二是要清楚，各种投入与产出对应的"价格"，从而判断何种投入—产出关系是"更值得"的。然而，这两方面问题在现实操作中都是很复杂的，常常会遇到外部性问题。现实中，人们通常只关心市场上有显性价格的那些投入与产出以及它们的价格关系，而生产中事实上投入与产出的不只是这些。人类生产的本来动机是将某些使用价值转换成其他使用价值,但这一过程中也会将一些本来有用的事物转换成一些有害的事物。比如,一些生产过程所产生的废水、废气或废渣会破坏原有的生态环境,并且有害于人类社会的每个成员从而影响社会的可持续发展。这种情况下可以把生产引起的生态环境恶化合并理解为某些投入,即全社会每个成员从生态环境恶化中受到的各种害处视为某些投入。然而,现实中这些投入经常没有显性定价或难以精确显性定价。而定价又涉及市场机制是否完善及其功能是否完备的问题。前者指市场机制可以实现某些功能但由于建设不完善而未实现,后者指市场机制无法实现某些功能。现实中,区分这两者又是有难度的。虽然如此,这又实实在在直接关系到"生产效率"的判断以及高质量发展的实现,因为市场的重要功能就是定价,而生产效率的计算要以既定的定价系统为前提。市场难以发挥定价功能的地方,生产效率提高的判断就会遇到困难。这些表明,高质量发展,总会涉及价值判断,这种判断既可能来自市场机制,又可能超越市场机制。前者对应市场机制的成熟与完善,后者对应为市场机制做必要的补充。这些内容的讨论成为讨论高质量发展的基础之一。

回到这次的主题"农业高质量发展路径"。农业发展对于人类社会发展的意义,可以从历史上经济学中提出的两个陷阱来说明。一个是马尔萨斯陷阱,另一个是李嘉图陷阱。这两个陷阱始终是人类社会要考虑的。人类社会发展,不论有怎样的判断标准,一个基本情况是避不开的,即人类总人口不断增长(人类社会从诞生到当今的历史,是人口不断增长的历史)。而人口不断增长的必要条件是,作为生存必需品的农产品的产量不断提高。马尔萨斯陷阱所指的状态是,某人群尽最大努力也生产不出能够养活本人群全部人口所需的农产品。李嘉图陷阱所指的状态则是,某人群虽然可以生产出能够养活本人群全部人口所需的农产品,但是剩余农产品很少且增加非常缓慢甚至停滞,农产品需求与供给的双侧刚性使工业生产的剩余产品主要为土地所有者通过地租占有,从而工业生产增长因积累少而缓慢甚至停滞。这两个陷阱可以推广至不同人群间进行贸易的情形，但此情形中的人群不能是全人类，因为没有与之相当的贸易者。在可进行贸易的情形中，某人群如果已经拥有足够强大的可持续的非农产品生产能力（可以同其他人群换来足够多的农产品以及其他非农产品），也就不会陷入这两个陷阱了。由于农产品生产高度依赖土地，同时地球上能够生产农产品的土地总是有限的，并且随着人口增长以及人类非农业生产活动扩大，能够生产农产品的土地还可能不断减少，因此，人类社会若要不断发展，就必须不断远离这两个陷阱，以农产品亩产量显著提高为标志的农业生产技术进步就是必要条件。从这个意义上说，农业高质量发展，其实就意味着，人类以更高的效率或者更低的人均成本远离这两个陷阱。没有农业高质量发展，在既有资源条件下农产品相对于既有人口就没有足够多的剩余，由于人类首先要解决衣食问题，工业发展也就不会拥有更多的资源，也就难以发展，更无所谓高质量的发展。

再从农产品生产、流通与消费的特点看，农业高质量发展亦尤为重要。农产品由于直接来自动植物生命体，其生产全过程必须服从生命固有的自然生长规律，生产期不可能大幅缩短，并且生产活动的季节性很强，动植物生长的各个阶段都有特定的生产活动要求，错过了时间就会"前功尽弃"。此外，农业生产还经常面临不可抗的自然风险。农产品也是非耐用品与非耐存品，在运输与储存方面，时间与空间上都有很强的刚性：农产品本身密度一般不大且难以压缩从而占据较大的空间，并且自然保质期比较短，这些使得农产品的运输与储存的成本较高。特别地，农产品消费还有时间上的刚性，农产品消费需要保持特定的消费流量，一般不能任意扩大与缩小。这样直接以农产品作为财产有着特殊的困难或成本，积累性或增长性较差。

通过以上讨论，农产品高质量发展路径，至少涉及以下几个方面。一是农业生产技术仍要不断进步，但其重要目标是农产品平均成本（总成本/总产量）不断降低，这里的成本必须包括生态环境与人体健康等方面以往可能不被显性定价的成本（即对原先的外部性尽可能精确地定价），这样的技术开发与应用才能真正标志高质量发展，也成为供给侧结构性改革的重要内容。农业生产技术进步不能是不计生态环境与人体健康代价的亩产量的提高。从而农业高质量发展的一个重要前提是生态环境与人体健康的成本核算，在我国已经解决温饱问题的历史阶段，农业生产技术进步必须受到此种成本核算意义上的制约。这种制约下的技术进步也正属于前沿或尖端的，体现一国的技术实力。二是农产品流通技术（包括运输、储存、销售技术）需要不断进步，其目标亦是平均成本不断降低。这有赖于更先进的交通与通信基础设施建设，以及更先进的储存、物流、销售网络建设。农业方面的扶贫及缩小收入差距的工作，目标不能是单纯的农产品人均产量提高，而应是人均货币纯收入提高。如果农产品不能及时销售出去，由于农产品特性，这难以形成农业生产者的持久收入。也就是说，农业生产者的财富积累高度依赖市场，但由于农产品的一系列特性，农业生产者应对市场行情变化的困难比工业生产者要大得多。而提高市场应对能力，降低自然风险与市场风险，一个重要工作就是健全远期交易模式下的订单生产机制，以及供求双方风险分担机制。三是城乡一体化的制度建设。农民只是一种职业，而不代表低端；农业只是一种行业，而不代表落后。而且，落后的农业也撑不起现代化工业。当今世界各经济强国，都是农业生产技术发达的国家。这些国家由于自己特定的自然及市场条件未必追求各种农产品的高产量，但仍保留着粮食作物可以自给的生产能力。农产品亩产量的提高相对缓慢，而农业生产者由于人口众多且分散，对市场价格的影响力一般较有限，这样，降低农业生产者的人口与土地面积之比（简称人地比），就与提高他们的人均农产品纯收入密切相关。降低人地比，就意味着大量原先的农业生产人口转移到非农业生产中，这就需要在全国范围内建立更成熟的一体化的劳动力流动体系，提高农业生产人口的非农业生产能力，以及减少社会保障体系在城乡与地区间可能存在的差别，特别是减少对户籍的依存度。包括劳动力在内的要素市场的成熟，社会保障体系内在各种差别的减少，不仅是农业高质量发展的必要条件，更是现代化经济体系本身的重要组成部分。

（作者单位：中国社会科学院经济研究所）

我国非金融企业杠杆率

汤铎铎

结合我最近题为"中国非金融企业部门资产负债表的再估计"的研究，下面主要谈三个方面的问题。

我们的题目叫"中国非金融企业部门资产负债表的再估计"。为什么叫再估计？因为之前已经估计过两次了，而且这次也并不是前面两次的简单的更新，在方法和数据上都有一些改进。第一次估计是2013年做的。当时有好几个团队在做，非金融企业方面大家做的都比较简单，用的是一种方法。非金融企业部门最容易获得的是上市公司数据，大家把上市公司资产负债表按比例扩大，就成为非金融企业资产负债表。但实质上它只包含上市公司的信息，并不能代表中国非金融企业的真实状况。我们第二次的估算跟第一次就完全不一样了，我们利用了资金流量表和经济普查的数据。也就是用2004年、2008年和2013年的经济普查数据做基期，然后用永续盘存法加入资金流量表信息，形成完整的非金融企业资产负债表时间序列。这个方法的最大缺点是没有细分项，只有资产总量、负债总量和净资产。这个结果出来之后，有很多人引用，但是因为中间没有细分项，他们觉得很遗憾。特别是一些专门研究这方面的研究者，认为第二次比第一次退步了。因此，这次我们做了比较大的改进。这次的估算有点像拼图，把四个方面的信息通过各种方法结合起来，拼成一张完整的资产负债表。第一个方面是已经存在的部门资产负债表，主要包括上市公司、国有企业和工业企业的资产负债表，这是三个比较重要而且目前能够获得的表。第二个方面是资金流量表，资金流量表国家统计局每年都公布，但是有时滞，目前只到 2015 年。第三个方面是经济普查数据。我们现在一共有三次经济普查，2004 年一次，2008 年一次，2013 年一次，三次经济普查的数据非常宝贵。经济普查基本上能把全国的企业梳理一遍，从规模、就业人数等方面统计上万家，甚至十几万家企业，中间的资产负债信息非常重要。第四个方面是金融统计的数据。金融统计数据有很多口径，要找到和非金融企业部门口径一致的部分。有了这四个方面的数据信息之后，我们利用各种方法，通过资产端和负债端的各类分割，估算出最终的非金融企业部门资产负债表。

估算结果最后到 2016 年，这和数据的获得性有关。2016 年的结果显示，我国非金融企业部门总资产是 383 万亿元，负债是 228 万亿元，净资产大概是 155 万亿元。也就是说，我国全部非金融企业的净价值，应该是 150 万亿元左右。从我们居民部门的估算结果看，我国居民部门的房地产价值也大致在这个量级，即 150 万亿元左右。最近一些大房地产商开会的时候引用了各种各样的数据，关于我国房地产价值，最大的超过 400 万亿元，最小的也有 200 多万亿元。我们得到的是一个相对比较低的数据，从估算来看应该也是相对可靠的数据。

估算完成后需要分析，这次估算中最重要的发现我们称之为杠杆率背离。在分析金融风险时有两个杠杆率。一个是资产负债率，即负债占资产的比例，一般来说，资产负债率高就说明风险高，资产负债率低就说明风险低。另一个是在宏观讨论中常用的杠杆率，也叫宏观杠杆率。宏观杠杆率一般是用债务总量除以 GDP，这个债务可以是分部门的，也可以是全社会的。这两个指标在判断金融风险的时候作用不同，在理论上也一直有争议。

从企业部门资产负债表出发，我们发现了一个奇怪的现象，即资产负债率和宏观杠杆率的背离。在我们估算的非金融企业部门资产负债表中，资产负债率一直比较稳定。资产负债率一直在 60% 上下。也就是说，从 2000 年开始到现在很长一段时间内，企业资产负债率变化并不大,也没有明显趋势,只是稍微有点小波动。因此,从这个指标并不能看出我国非金融企业部门债务有多严重。我国非金融企业债务高企,这个结论是从宏观杠杆率(或者说债务率)得出的。用非金融企业部门的总债务除以 GDP,就得到宏观杠杆率。这个数据大家引用比较多的是商业信息系统(BIS),因为 BIS 数据库包含全球很多经济体,利于做国际比较。我国非金融企业部门宏观杠杆率从 2008 年之前的 100% 左右,涨到现在的 160%。大家在讨论非金融企业部门债务问题的时候,因为分不清楚这两个杠杆率,也没有弄清楚二者的巨大背离,所以经常会出现无谓的争论。有人说我国非金融企业部门杠杆率很高,现在需要去企业的杠杆,降低风险。而另外一些熟悉企业会计信息的人就会说,非金融企业部门的债务并没有那么高,而且工业企业部门的资产负债率还在下降,从原来的 65% 一路降到现在的 55%,那么目前非金融企业不是去杠杆的问题,而是加杠杆的问题。最近,这个问题在政策层面上也出现一些问题。从前面的讨论可知,目前我们应该关心的是宏观杠杆率,我们要去的杠杆也是宏观杠杆。但是,我们决策层出台的一些文件,具体目标还是针对资产负债率。比如,最近国资委出台的政策,控制国有企业资产负债率,比如说从 62% 降到 60%,或从 64% 降到 62%,这就有打歪了的嫌疑。企业的资产负债率是企业经营中最基础决策的表现,这件事应该更多地让企业说了算。其实,去宏观杠杆考核的指标很传统,就是资产收益率,或者是利润率,利润指标上去了,宏观杠杆率就下来了。

那么,为什么会出现这种杠杆率背离?大致有两个原因。一个是因为企业的总资产收益率一直在下降,国有企业也好,工业企业也好,上市公司也好,一直在下降。另一个就是资产价格的上升,不管是股市还是房市,导致企业的资产端是膨胀的。这两个因素最后叠加起来,导致了杠杆率背离的状况。不管是从理论上还是实证上,这中间还有很多可以挖掘的东西。总体的直觉是,一个企业,或者是一个地方政府,借钱之后进行投资,结果是投资资产升值了,但是整个项目却没有形成持续的盈利和现金流。比如，投资一个矿山，花了1亿元，突然发现这个矿山现在竟然值2亿元。这个时候在资产负债表上看不出任何问题。但是，这个矿山能不能盈利，能不能创造可持续的现金流，这是另外一个问题。如果虽然你的矿山值2亿元，但是每年利润很少，反映在GDP上的增加值很少，没有形成持续的现金流，那么最后就会出现杠杆率背离的情况。这是我国经济现在最大的问题，就是我们的信用和债务扩张，可能看起来效果不错，投的很多资产都升值了，但是最后没有形成现金流，没有反映到企业的利润和GDP上。这是简单性、直觉性的理解，背后很多机制需要扎实认真的研究去厘清。

最后简单谈谈对当前宏观经济形势的一些看法。最近几乎众口一词地说私营经济、民营经济很难，抱怨很多，建议也很多。这个现象出现的时间不算太长，在此之前抱怨比较多的是金融业。银行、证券、保险和信托都在抱怨，说金融业几乎活不下去了。金融业抱怨之后，终于轮到实体了，传导到实体了。那么，这一轮的经济下滑的主要原因到底是什么？很多人把板子打到贸易战上。不过，我认为，贸易战的影响整体可控，不会很大。即使未来影响会很大，那目前还没有完全传导，目前很多都是舆论层面和心理层面的影响。我认为，本轮经济下滑的主要原因其实就是金融去杠杆。我们从2016年开始的金融去杠杆过程，对金融业造成很大冲击，金融业哀号一片，金融业影响过后肯定会传导到实体经济，实体经济肯定会受影响。那么，现在该怎么办？今天早上高培勇副院长一个讲法值得我们思考，就是现在这种情况让我们想到了2008年。当时我国经济遭受到大的外部冲击，而我们正处在去杠杆过程中，这两个因素一叠加，对我国经济形成巨大冲击，2009年第一季度GDP到了7%以下，形势比现在还要严峻。大家多少有些慌乱，于是就有了4万亿的刺激计划。目前的形势就是，我们正在执行去杠杆策略，和2008年的情况很像，而且去杠杆也取得了一些成效，非金融企业部门杠杆率已经企稳。2017年比2016年低了几个百分点，这其实是非常不容易的，我们做了大量工作才达到这样一个拐点。所以，是要走老路进行大的刺激，还是再忍一忍，但是也担心后面会出现不可控的情况，这是当前政策的症结所在。

（作者单位：中国社会科学院经济研究所）

农村养老保障、农村家庭消费和农民福利

张川川

现在我们强调要高质量发展,让所有的人都有获得感。改革开放以来,实际上是让一部分人先富起来,让先富带动后富。从当前来看,一部分人已经富起来了,但是我们有很大的群体还落在后面,主要是农村人口。农村人口里面经济状况最差的又是老年人口。在人口老龄化的背景下,我们尤其需要关注老年人的福利和生活保障。

在大的社会经济背景下,我们面临两个新的情况。一个是人口老龄化,这个进程非常快,按照国际上的通常标准,我们在2000年的时候,已经是老龄化社会了,老龄化程度还在不断加深。现在全国60岁以上的老年人有2.4亿人,65岁以上的老年人有1亿多人,这是非常大的老年人口群体。还有一个新的情况是社会的主要矛盾发生了变化,现在主要面临的是发展不平衡、不充分的问题。这个不平衡一个很重要的方面就是城乡之间发展的不平衡。城乡公共服务的不平衡是城乡之间发展不平衡的反映。城镇地区或者说城镇部门发展得已经比较好了,农村地区的发展还非常欠缺。我们现在面临社会主要矛盾发生变化和人口年龄结构快速老化的新形势、新情况,如何通过政策措施,使大部分的人都能在经济增长的过程中有获得感?特别是,如何保障农村1亿多老年人口的基本生活?

农村老年人口保障这个问题有多严峻呢?我们从2012年世界银行的研究报告中看到农村老年人的贫困问题非常严重。按照国家制定的贫困标准算,农村老年人口的贫困率是20%左右,如果按每天

1美金这个标准的话,贫困率就是30%。城镇老年人口贫困率就低很多,大概是3%到5%左右,城乡不平等有一个非常明显的反映。这是2006年的数据,我们再看2011年报告的45岁以上的中老年人口和60岁以上老年人口的贫困率,在20%—30%。还不仅仅是贫困,这些农村老年人口还生活得很痛苦,因为他们健康状况很差,疾病发生率很高。有很多健康指标,比如体重、高血压发病率,还有日常活动像穿衣、吃饭等是不是有障碍、是不是需要帮助,等等,所有这些指标都表明农村老年人口健康状况比较差。我们看到日常活动有困难的老年人口有38%。健康是人的福利水平的一个很重要的指标,如果健康有问题就很难享受生活带来的快乐。我们面对这样快速的人口老龄化,这么大规模的农村老年人口,急迫地需要给他们提供保障,让他们摆脱贫穷,改善他们的健康状况,那我们有没有相应的政策去应对这个问题呢?

我们对农村的公共服务投入长期以来都很欠缺,在农村人口养老方面,我们有两次大的政策行动。一次是在1992年,政府实施了农村社会养老保险,现在我们叫它"老农保"。1992年开始,在山东的4个县试点"老农保",到1998年的时候"老农保"发展到了顶峰,全国有8000多万的农民被这个保险覆盖。不过这个保险覆盖得非常浅,当时参保的农民大概就是一个月交几块钱。而养老金一年也就领到百十块钱。但是当时这个项目非常受农民的欢迎,他们觉得政府是关心农民、关心农民的养老问题的,农民的积极性很高。但是1998年碰到金融危机,地方上养老金的运营出了一些问题,再加上其他一些原因,把"老农保"停掉了。2009年,国务院发了一个文件,就是"新农保"试点的指导意见,政府从2009年开始,大概用了三年的时间,开展"新农保"试点并推广到了全中国。我们对这个政策的影响做了比较全面的分析,想要看一看政策对应对人口老龄化、应对农村这种健康状况不太好的情况有没有起到比较大的作用。我们使用了经济学文献中主流的研究方法对这个政策的影响做了比较全面的分析。因为它是一个渐进式的试点,所以我们可以用计量上的一些方法,比较准确地识别它的影响。我们首先看养老金的领取是不是按照这个政策规定进行的,结果确实跟文件的规定是一致的,领养老金的确实是60岁以上的农村人口,城镇的老年人口或者60岁以下的农村人口都没有这个钱。养老金的领取或者说参保方面有没有一些异质性呢?我们能看到越是欠发达的地区,农民的参保积极性越高,因为他们生活状况更差。虽然我们一开始是一年给600多块钱,对于农村的老年人来讲,因为他们大概30%的人都是在贫困线以下,这笔钱还是非常宝贵的。有了这笔钱已经可以吃饱饭了。那我们再去看几个重要的经济和福利指标,我们看对家庭的收入、消费和劳动供给、健康等是不是有明显的影响。

收入和消费是非常重要的两个经济指标,反映了人们可支配的资源。从劳动供给来看,文献里面讲,农村老年人为了生活的温饱,一直工作到油尽灯枯,就是工作到完全干不动了。我们就看新农保这个政策能不能减轻他们重体力劳动的负担,然后就是看健康有没有改善。另外,我们猜想,因为农村家庭成员之间的关系比较密切,养老金政策会不会有一些溢出效应。我们发现收入效应是非常明显的,收入增长了17.6%,虽然一年的养老金收入是600多元,有些地方有1000多元,但是由于这部分群体的平均收入是非常低的,所以这个效果在边际上就会非常大。

第二个是看劳动力的供给,也非常符合我们的预期,我们看到农业劳动的参与率有一个显著的下降,按照样本平均水平算,有接近10%的下降。我们再看消费,收入只有转化成消费,才能够带来福利的改善。因为消费数据不是特别的精确,调查数据的消费需要加总计算,会有很多小项加起来,会有测量误差,所以我们总的消费没有看到统计上显著的效果。但是一个非常重要的支出类别,就是食品类支出有显著的增长。食品消费增长的话,老年人营养状况会有所改善,很快会反映在健康上。健康指标,一是低体重,健康文献里面用来反映营养不良,营养不良的状况显著改善,体重过低的状况有所缓解。再一个是身体机能,即日常活动有没有障碍,这是总体健康的一个综合反映，也有显著改善。还有平均年龄在70多岁的那些老年人，他们短期的死亡率下降。我们也看了不同类型的死亡，发现主要是一些缓慢的自然衰老的死亡明显下降，这是符合我们的预期的。因为有一些死亡属于重疾导致的，按道理新农保政策的作用力度不足以使他的健康状况明显改善，这是目前健康方面的发现。

一些学者对南非一个类似项目做了广泛的评估。这个项目跟我们的新农保非常像，但保障力度要高很多，他们在评估南非的养老保障项目的时候，发现这个项目有溢出效应，老年人领取养老金影响了其他家庭成员。我们也发现，老年人拿了钱之后会有些溢出，就是小孩儿的零花钱有增加，虽然很少，就几块钱，但有一个统计上显著的增加。这个溢出效应的存在说明我们的政策在定位一个目标人群的时候，改善他的福利的时候，目标人群和真正受影响的人群实际上是有所不同的。这是我们在制定和实施政策的时候需要考虑的情况。

总之，我们发现新农保政策对收入、消费、健康有一个正向的影响，还有一个溢出的效应。但没有发现对私人转移支出存在挤出，这是公共经济学研究非常关心的一个问题。如果政府提供了公共转移支付，是不是会挤出代际间的私人支持？我们目前是没有看到统计上显著的影响。目前，新农保的保障力度确实还很低，还没有达到能够产生显著挤出的规模。

我们粗略算了政府的投入，2009—2012年各级政府总的投入大概是2620亿元。大部分是中央财政投入，百分之八九十都是中央财政，年均投入大概是655亿元，占全国同期财政支出的0.65%。对我们财政总的来讲是一个很小的负担，同时，如果跟城镇比，这笔支出大概仅相当于城镇养老金发放额的5%。从覆盖的人口规模讲，大概2012年的时候覆盖了8900万名农民，而城镇每年平均大概有6500万人领取养老金。农村在2012年有8900万人领养老金，如果平均到2009—2012年，因为前两年试点只覆盖了30%—60%的地区，领养老金的人口少一些，大概每年领养老金的农民不会超过6500万人，与城镇养老金领取人口的规模相当，但是城镇养老金发放规模是农村的20倍，这就是非常大的差异。给定我们目前新农保支出占全国财政支出的0.65%，这么小的量，我们看到了非常显著的效果，对农民的福利的增进是很大的，影响面也非常广泛，获益的人口很多。我们之前还做了一些研究看到农民对政府的评价和他对自己生活的主观评价也受到了影响，因为领了养老金的农民幸福感、生活满意度有显著的上升，对政府的好感也有上升。在目前的养老金发放水平下，我们还没有看到显著的挤出，这说明我们政府的支持力度还可以继续加大。总的来讲，新农保试点的投入不大，但是效果很好，影响广泛，保障力度还可以继续加大。

（作者单位：中央财经大学经济学院）

媒体宣传：雪中送炭抑或雪上加霜

宗计川

我今天讲的主要是新东北现象，因为身处大连，理应对东北经济振兴做一点工作。从 2015 年开始，各类媒体开始集中发问：东北怎么了？现在开始讨论天津怎么了？山东怎么了？我们特别担心这种讨论会真正使经济怎么了，但这需要实证证据。我们特别担心的是针对东北的不适当宣传会导致出现"刻板印象"，并在此基础上引发恶其余胥效应。

诚然，东北地区在经济发展的周期性变化中遇到了一些客观存在的问题，但东北地区的问题并非独立存在，过分强调问题的地域性反而可能不利于问题的解决。对东北经济的关注和讨论，不单单是一个经济问题，更是一个历史问题。在一个特定的发展阶段，将东北经济的问题无限放大，既对东北经济的振兴不利，也是对历史不客观、不公正的一种记录。

媒体报道是有"温度"、有态度、有情绪的，而公众对媒体传播的信息是有选择的、关注是有限的。我们关心的正是这类针对"东北经济"的媒体报道本身对东北经济会产生怎样的影响？是越辩越明、"雪中送炭"？还是"雪上加霜"，强化了针对东北地区经济与社会环境的负面"刻板印象"，进而恶化东北地区的投资环境？而不同类型媒体的影响又是否一致？对这些问题的回答，归根结底，需要定量研究媒体效应，检验媒体报道对东北经济的影响。

研究的一个核心问题是：媒体的报道，到底是雪中送炭，还是雪上加霜？有大量媒体报道其实出发点都是正面的，但是结果会怎样？东北经济结果会怎样？这是我们想检验的。做这件事情需要解决两个问题，用什么来代表东北经济？这是第一个。第二个，媒体报道的数据是怎么处理？到底用哪些数据？我们选择了 4 家中央媒体，地方的纸媒 1067 家，这 1067 家基本上把各个地方的晚报、晨报等主要的报纸囊括在内，这是一个。第二个就是自媒体。自媒体我们原来选了两个，一个是微信，另一个是微博。微博存在一个数据结构的技术问题，最终我们没用微博，仅仅用了微信。微信用了 18432 个公众号。接下来我们要筛选，哪些报道要筛选出来？要有个关键词，央媒的关键词和纸媒的关键词不太一样，央媒的报道多数都是政策和事件驱动，比如出台一个政策，但各地纸媒的表述就不一样了，它会有各种各样的关键词，所以在筛选数据的时候，关键词略有不同。第一步把这些报道筛选出来，我们没有考虑媒体情绪。然而，用相同关键词，比如东北经济搜到的报道，有的可能是负面的，有的可能是正面的。媒体是有态度的，它不是一个完全中性的，需要把这些媒体报道的情绪做一个判断。所以用了现在比较流行的机器学习方法，针对这些报道的全文进行学习。对每一篇报道判定一个情绪指数，1 是最积极，0 是最消极。在此基础上，用事件分析方法来检验当媒体报道出现峰值时，东北籍上市公司整体累积超额收益率（CAR）如何变动。进一步，我们看不同的媒体情绪对东北上市公司的股价又是什么影响？限于时间关系，我们简单看一下结论：尽管纸媒报道大都持积极正面态度，其对东北籍上市公司的 CAR 却表现出显著的负面影响；类似地，微信报道对东北籍上市公司的 CAR 也存在负面影响，而且微信报道的情绪越积极，对 CAR 的负面影响越大。

  首先跟大家解释一下，几乎所有媒体的情绪，包括自媒体的情绪都是偏正面的，当然正面的程度不一样。微信媒体确实存在相当多的负面报道，但是整体的报道情绪仍然是正面的。这个情绪越积极，观测的结果越负面，这是一个情绪的影响。对于结果，我们又做了异质性分析，分不同公司，国企和分公司，分不同媒体，中央媒体和地方媒体做一个区分，其实分媒体时，我们重点想看一下，东北三省的媒体是怎么样的？东北三省的媒体跟其他地方的媒体没有任何区别，它报道负面的程度甚至要超过其他地方。在这个基础上，我们做了检验，包括变换峰值，变换窗口等，从四个方面做了检验，结果跟前面主要的结果基本一致。

最后一点是贡献，从研究的角度和投资者反应的角度来讲，有一点贡献。

说了这么多，我们到底研究什么，最后结果是什么？我们觉得媒体对东北经济的报道，大概起到一个越报道越难看的作用。还有就是刻板印象，其实比较担心的就是对东北经济形成刻板印象，认为东北就是落后，这引发了恶其余胥效应，比如我们现在人才引进，招商引资，如果公众认为东北落后，甚至会影响到东北地区生产的产品，这对东北振兴是极其不利的。

本文首先利用事件分析方法检验报道峰值与情绪对东北籍上市公司累计超额收益率的影响。对比的是峰值窗口期内与非峰值期间的CAR，因此不存在与其他地方对比问题。其次，东北经济本身是一个复杂的变量，需要找一个代理变量，比如用人口外流就不合适。最后，我们要分析的是，为什么出于好心的报道最后的结果却并不好。在当前这个时间点上，整个东北地区大家都很努力，但需要时间。如何营造公众预期，需要更高的智慧和科学依据。

（作者单位：东北财经大学金融学院）

公共服务中政府与市场的关系
——基于经济思想史的考察

张 琦

我基于经济思想史的考察做了一些研究。公共服务本来就是政府的事，跟市场有什么关系呢？实际上，我们从经济思想史考察会发现，不是这么简单的一件事。什么叫公共服务？公共服务可以分为狭义和广义两种，狭义的公共服务是指教育、医疗、养老、民生事业，也包括供水供电等公用事业；广义包括得很广，国防、外交都可以包括进来。我主要探讨的是狭义的公共服务，再聚焦一点，探讨的是区域性的公共服务，不是全国性的公共服务，也就是地方性的公共服务。

学界对政府与市场关系的讨论，特别是党的十八届三中全会以来，变得很热烈。从经济思想史的角度来看，政府与市场的关系并不是一直就很重要的。在前资本主义时代，不管是西欧的封建领主经济，还是东方的小农经济，在这种背景下，政府与市场的关系并不重要，那个时候真正重要的是领主和农奴的关系、官府和百姓的关系、地主和农民的关系，而不是政府和市场的关系。政府和市场的关系的重要性，是从资本主义的大规模生产技术发展起来以后，也就是量产技术发展起来以后，才凸显出来。

从经济学角度说，亚当·斯密对政府与市场关系的界定，有三句著名的话。第一，保护本国国民不受外国国民的欺负，也就是国防；第二，保护本国一部分国民不受另一部分国民的欺负，也就是司法和治安；第三，提供某些公共工程，其实也就是我们现在所理解的公共物品或公共服务。亚当·斯密之后，他框定的政府与市场的关系，也被我们解读为"守夜人政府"，或最小政府。这个局面一直到什么时候才开始发生大的改变呢？到凯恩斯发表《通论》的时候，也就是1936年。凯恩斯发表《通论》以后，相当于在政府与市场的关系当中，又加了一项，就是宏观调控。几乎在凯恩斯发表《通论》的同时，1942年贝弗里奇发表著名的《贝弗里奇报告》，又加了现在的社会福利，包括医疗、养老、教育这些。一直到第二次世界大战结束以后，政府与市场关系的格局才奠定下来，到现在我们仍然是这个格局，微观领域主要靠市场，宏观调控主要靠政府。除此之外，政府还要弥补微观领域当中的市场失灵，这是一个理由；另外一个理由是要提供公共服务。按照这样的脉络发展下来，其实到现在我们有些人还在批评西方国家的小政府，我感觉是无的放矢；如果我们拿财政支出占GDP的比重这个指标看，其实现在西方主要发达国家根本没有小政府。美国财政支出占GDP的比重，1870年是7.3%，到1960年的时候达到27%，到1996年的时候达到了32.4%，这个比重在发达国家里是最低的。同样是财政支出占GDP的比重，英国在1870年是9.4%，1960年是32.2%，1996年是43%，将近一半的资源是政府配置的。瑞典等北欧国家政府支配的资源就更多了，瑞典这一比重在1870年是5.7%，1960年是31%，到1996年达到了64.2%，远超过一半。所以从这个指标看，现在西方主要发达国家已经没有小政府了。

  关于公共服务，其实最核心的问题是，公共服务到底是政府来提供，还是市场来提供？我们传统上对这个问题的回答很简单，应该由政府来提供。理由是什么？公共物品。公共物品，按照我们教科书上的观点，就是具有排他性或者非竞争性；由于这两条因素存在，市场无法自发提供，或者市场自发提供不足以达到有效率，因此应当靠政府来提供。这方面典型的代表是萨缪尔森在1954年发表的论文《公共支出的纯理论》，这篇论文可以说奠定了公共物品理论的基础，也就是新古典范式公共物品理论。我们现在所有应用经济学当中用到的，几乎都是萨缪尔森的这一套。但是这个所谓新古典范式公共物品理论是有问题的，它最大的问题是什么？萨缪尔森1954年那篇论文只提出了公共物品有效提供的边际条件，但是公共物品应该怎么提供，这个他没说。实际操作当中，公共物品的供给和需求是脱节的，我们知道，有公共物品理论了，政府应该提供多少公共物品呢？那就是社会福利函数说了算。为公共物品融资，这个问题怎么解决？通过税收。但是税收和公共物品提供数量之间是"两张皮"的关系，或者说是脱节的关系。而对新古典公共物品理论批评得比较严厉的，是布坎南的公共选择理论。布坎南的公共选择学派也有自己的公共物品理论。布坎南批评就批他这一点：你说市场自发提供公共物品没效率，好，我承认；假如说你有一个社会福利函数，可以使得公共物品的提供达到有效率，我也承认。但是，在这个过程中，你要为公共物品去融资，需要通过一般税收去融资，融资过程会产生新的非效率，你怎么证明政府提供公共物品的效率一定会大于这个税收过程的非效率？如果证明不了，那这个结论就是有内在矛盾的。从公共选择学派的角度看，新古典的这套理论是双重标准，一方面你讲公共品数量的时候，你用效率的标准，另一方面为公共物品融资的这个过程，你又不考虑效率了，这样不就是自相矛盾的双重标准吗？公共选择学派提出的公共物品理论，是延续了从维克塞尔一直到布坎南，包括到后来的奥斯特罗姆这一条线，另外一条就是所谓新古典公共物品理论这条线，两条线在很大程度上是对立的。

这里我想说一下关于布坎南提出的"一致同意规则"。很多人一说到布坎南，就想到一致同意，一致同意在布坎南的理论当中到底是什么意思？是不是布坎南就喜欢一致同意？还是他主张一致同意？还是他认为集体决策应该一致同意？都不是，这些理解都不对。布坎南的一致同意是什么意思呢？帕累托效率只是私人物品自愿交易的一个结果，帕累托效率本身是一个结果，它不是一个原因，真正的原因是什么呢？是一致同意。为什么说私人物品交易也有一致同意呢？我和你买卖东西，我买的是私人物品，在我们双方都同意的条件下，我和你达成交易。其实别人也同意了，别人是隐性一致同意；他默认了，因为如果他不同意，他可以出更高的价来买。私人物品自愿交易的核心特征不是帕累托效率，而是隐性一致同意，作为隐性一致同意的结果是帕累托效率。你现在拿私人物品自愿交易的帕累托效率的结果，来框定公共物品的交易，这个本身是没有道理的；真正可以框定公共物品交易的是一致同意规则，而不是帕累托效率。

在公共物品的融资过程当中，除非采取一致同意的标准，否则只要有一个人不同意，其实就已经有新的非效率了。即便最后的公共品数量是帕累托效率的，但由于这个决策过程也有非效率，那你就是自相矛盾的，这就是公共选择学派的观点。按照这个逻辑来考虑，也就是说，我们看公共服务也好，看公共物品也好，不能光看最后那个数量，最后的数量是不是达到帕累托最优，我们还要考虑公共物品的融资过程是一个什么样的过程，把数量和融资两方面结合起来考虑才可以。按照这种思路来看，我们现实当中的公共服务，刚才说了，政府提供公共服务，你的目的是什么？你是要解决效率问题？有大量的研究表明，不需要政府也可以提供公共物品。北京以前的共享单车没有出来之前，北京市搞过公共自行车，那不都是政府搞的吗？但是共享单车技术一出来，就证明市场可以提供这个东西，根本不需要政府来做，所以说，从效率的角度出发，政府作为公共物品的唯一提供者，这个结论是站不住脚的。又有人说，政府提供公共服务，不光是为了效率，还有为了公平的意思。靠市场自发提供的话，滴滴快车是私人提供的，到时候高峰期加价好多人打不起车怎么办？所以你不公平，你虽有效率但不公平，政府提供公共服务还要保证公平问题。那么我们再来看，政府提供公共物品所谓的公平，要满足什么条件？

在这里我提了一个政府提供公共物品的公平原则，这个公平原则说起来很简单，就是政府提供的公共服务，可以包含一定程度的正向再分配，也就是"劫富济贫"，但至少不应该包含反向再分配，不能"劫贫济富"。政府提供公共服务，这个过程本身不能又拉大贫富差距，拉大贫富差距是不行的。不管你叫公共服务也好，叫公益性也好，我想没有任何人认为一个反向再分配的公共服务可以叫公益性，这个是站不住脚的。拿这套逻辑来看，我举两个现实当中的例子，一个是医疗保险，一个是教育。罗楚亮老师说我们的养老金是反向再分配的。其实，我们的医疗保险也是反向再分配的，我们的教育资源也是反向再分配的。教育反向再分配的典型代表是学区房，我们现在的学区房是什么情况？这些名校一方面拿着财政收入，另一方面只供给买得起学区房的人去上，这个就是反向再分配。买学区房的人并没有付出更多的钱，而我们整个的税制结构是累退的，低收入群体的税负其实是更重的。所以好学校一方面拿着累退税的财政资金，另一方面只供给高收入群体上学，这是不对的。高收入的人可以上好学校，但这些好学校，你不要拿财政一分钱，你完全靠择校费或者房产税，大家没意见。所以这些问题，按照这个公平原则来看，我们政府提供的公共服务，和收入分配高度相关。就是说我们本来指望二次分配可以改善初次分配，但是现在的二次分配，我们看到的是，最起码在公共服务领域，都是不仅没有改善，反而进一步拉大了收入差距，这个是我们公共服务领域最大的问题。

最后给出的政策建议就很遥远了，开征房产税这个是可期的，但是遗产税、赠与税和财产税这些，估计遥遥无期。

（作者单位：中国社会科学院经济研究所）

金融脆弱性、财政支出与政府援手的有效性

朱 军

我主要讨论金融高杠杆、金融风险比较大的状态下，政府部门财政政策的一种选择问题。对于研究背景，中国政府的债务比较高，也可能触发系统性风险，这种状态叫"金融脆弱性状态"，这方面目前研究的文献比较少，缺乏对金融脆弱性下银行资产配置结构对财政政策效果影响的研究。在经济下行周期，面临金融摩擦时，政府到底应该如何来处理，我们来讨论一下具体细节。

现有研究金融摩擦的文献主要有以下的不足：没有把它统一、整合到一个框架中去；对于有限的财政资源的配置问题没有进行分析。大家在谈减税，一减税政府财政资源就更有限了。因而要提高政府资源的效率，把有限的政府资金投到关键部门，投到能够重新振兴经济活力的领域。同时通过一些量化的分析、科学的分析，回答财政资源投入的方向问题。讨论进行财政救助会不会改善社会福利？这是研究的创新方面，实际上是针对现有文献的不足。

当前在经济脱实向虚、实体经济呈现金融脆弱性特征的背景下，研究是必要的。这也是每次金融危机之后，经济出现问题之后，政府高层关注的问题。这方面理论研究非常缺乏，国内外文献极少。对于政府援助银行和援助企业有一些案例，就政府援助银行我找了一些案例，政府援助企业就比较多了，包括政府对企业的一些贷款，国有企业的融资补贴，等等。

我们在资金"脱实向虚"、实体经济呈现金融脆弱性特征的背景

下，通过实证分析和理论研究讨论双面金融摩擦的影响，讨论最优财政政策的着力方向问题，以期为中国财政资源的战略优先性配置提供科学的论证依据。实际上，每一轮的金融危机之后，决策层也高度重视政府的援手问题，如时任中国人民银行行长的周小川2012年就总结了多国危机救助的经验、私人部门参与救助的作用及公共部门参与救助的渠道，然而对理论研究的关注却非常少。

在实证分析方面，我们首先构建一个金融脆弱性指数，描述在当前金融脆弱性状态下，对实体经济产生什么样的影响，在指数上，我们首先构建了四个指数，即银行、房地产、股票市场和外部金融市场的脆弱性指数，在既有基础上把它们进行综合加总成中国总的金融脆弱性指数。然后看一下对中国实体经济的影响，发现金融脆弱性程度比较高的时候，会对实体经济产生比较大的下滑影响。

在理论建模方面，我们进一步讨论了双面金融摩擦问题。把企业层面的良性净资产摩擦和来自银行层面的信贷供给摩擦双向整合到一个框架中，讨论财政政策的刺激效果。也就是说把它进行整合，统一进行比较，研究发现：如果来自银行扭曲，财政刺激的效果会降低，而如果单纯来自企业层面的摩擦，财政政策的效果会放大，这是由借贷主体持有债务的通货膨胀效应带来的。进一步地，我们来刻画预期的财政支出效果也是一样的，如果有来自银行信贷供给的摩擦，财政政策效果会降得更低。

我们来刻画一下政府债务是被银行持有还是被居民持有的状况下财政刺激的效果。通过量化研究发现：银行如果持有政府债务，财政刺激效果是小的；如果居民持有政府债务，财政刺激效果比较大。对于政府债务，持有主体不同，财政刺激不一样。我们做地方债研究，中国政府债务的70%是银行持有的，它必然会对私人投资产生一定的挤出效应，银行部门存在扭曲的时候会降低财政刺激的效果。银行持有政府债务比例越高，财政刺激效果越低。这是因为银行存在激励约束扭曲和杠杆约束。

我们进行一些反事实政策的模拟。在这金融脆弱性背景下，既有企业融资需求的摩擦，又有银行信贷供给的摩擦，我们是救助银行还是救助企业进行一个方式比较。后来发现救助银行的效果更好一些，进一步做一些福利分析。在负债率120%的情况下，救助银行是比较好的；如果发生在金融危机的时候，在短期内救助银行是不好的，银行存在一个道德风险问题，救助资金，银行可能拿去私分了而不是真正用于支持实体经济发展。因此，长期来说，在金融危机爆发下救助企业是比较合理的，这是我们通过福利分析、量化分析的结果。

总体而言，信息不对称造成金融摩擦的客观存在，不仅内生放大金融对实体经济冲击，而且对财政支出也产生显著的影响。来自银行层面的摩擦和来自企业层面的摩擦的结果，对财政政策的实施效果影响方向完全相反，这是被我们以前的研究所忽视的。我们不要一谈到有金融摩擦就扩大财政支出，我们要区分经济上的摩擦是来自企业信贷融资需求方面还是来自银行信贷供给方面。银行层面的摩擦对财政支出的经济放大效应远大于企业层面的摩擦，银行信贷供给摩擦、金融中介资产的顺周期放大了投资下降的负面影响。因此，金融脆弱性能够降低财政政策的承受效应，削弱财政支出的刺激效果。在金融摩擦的背景下，支持财政扩张的债务是否影响银行的资产配置已经成为财政刺激和信贷刺激的重要差别。

面临金融脆弱性问题，研究发现金融冲击导致银行资产负债表弱化，向银行注入资本金或者直接向企业借贷可以降低企业宏观经济的负面影响。如果政府将同等规模资金直接向问题企业发放贷款，也容易使企业产生对政府资金的过度依赖，并且单一政策不足以体现金融脆弱性的负面影响。因此，总体来看在金融脆弱性比较低的时候，政府援助银行比较好。

但在政府债务非常高，已经发生金融危机的时候，短期内政府不得不援助银行来给经济注血，在长期内为了避免银行道德风险问题，政府援助一部分企业是比较占优势的，使有限的财政战略性资源达到最优的状态。这就是整个研究的发现，通过实证证明了金融脆弱性对经济的负面影响。同时在理论建模方面，我们发现来自银行的信贷供给摩擦和来自企业的融资需求摩擦，在面临金融脆弱性时，财政政策的刺激效果是不同的，并且银行部门的金融摩擦带来的负面影响更大；同时银行持有政府的债务规模越多，财政刺激效果就越差。

最后，我们提出如下政策建议：第一，充分认识理解金融摩擦的存在，取其势、明其道、精其术。厘清财政和金融的关系，明确财政刺激与信贷刺激的界限，规范地方政府和金融企业的投融资行为，严格落实《中华人民共和国预算法》《国务院关于加强地方政府性债务管理的意见》等文件要求。第二，预期并非无中生有，也不是无关痛痒，它来自现实，又影响着现实。财政刺激政策的实施既要重视稳定预期、提高透明度、减少误读空间，又要避免过晚介入错失最佳的救助窗口期，进而制约私人部门的消费和投资。第三，建立完善金融稳定的财政机制，及时规范亏损核销、股权重组以及注资等方式，增强中央银行资产负债表的灵活性和稳健性，以发挥金融风险的自救功能。第四，重视地方政府债务风险与金融脆弱性相互强化、交叉影响的传导机制。金融机构要增强风险意识，改进经营理念，理性客观看待地方政府债务风险，在加大服务实体经济发展力度的同时，依法合规继续对地方政府给予融资支持。地方政府应主动作为、敢于担当，积极转变政绩观和发展观，及时制止和纠正违法违规融资举债行为，坚决避免过度超前、不计成本的政府投资行为，根除政府会兜底的"幻觉"。

（作者单位：南京财经大学财政与税务学院）

进口竞争的倒逼机制发挥作用了吗?

魏 浩

最近做了商务部的关于中国进口相关问题的一些相关研究,从宏观方面和微观方面,也写了一个中国反制美国大豆进口的具体的应对策略,中国扩大进口是有很多原因的,我 2004 年时讲中国未来将成为进口大国,一直也在研究为什么不进口呢?因为我们害怕进口冲击。但现在我们知道国家自 2012 年以来,就开始提倡一个大的战略,我们要扩大进口,博鳌亚洲论坛上,习近平主席进一步提出,我们不仅要积极,而且要主动扩大进口。进口对中国有两个方面的影响,一个是消费者,对消费者来讲是有很多福利效应的,不管是商品的种类,还是价格。我们的高质量发展,就是产品质量的提升。另一个是中国的进口增加对中国的企业出口行为的影响,我们是从质量角度来考察的。已有的研究表明进口竞争,或进口竞争对产品的质量,或创新的影响可能是正的效应,也可能是负的效应,对中国来讲是什么效应呢?用中国的企业的数据库和海外数据库匹配,我们发现进口冲击倒逼企业改革,倒逼机制主要体现两个方面,一个是增加研发投入,继而提高产品质量;第二个是增加高级人力资本的雇用,引导这个企业创新能力的提升,这是我们需要的两个机制。

现实生活中到底有没有发生,这是需要我们验证的,第一种效应就是熊彼特效应,第二种效应是逃离竞争效应。第一种效应是破坏性的效应,是不好的,第二种效应是积极应对的正向的效应,这里面我们分为两个路线,当进口竞争加剧的时候,企业的反映有可能是两种,一个是消极应对,也就是熊彼特效应,开始降低质量降低价格,来应对外来进口竞争。第二种效应就是为应对外来的竞争,加大投资,走高质量高价格的发展路线,我们想要的是企业积极应对,通过创新来逃离竞争,不管高端产业还是低端产业,我们想要的是这种结果。实证结果与我们事前设想研究有一定的差异性。我们研究的是整体,不分行业,也不分类,结果表明,进口竞争对中国企业出口产品质量具有显著的抑制作用,也就是不好的。我们再对产品进行细分,对企业进行细分,发现一些很有意思的结论,对企业进行分类,分成高层次产品企业和低层次产品企业,研究发现对高层次产品是抑制作用,对低层次产品是促进作用,对低层次产品企业整体是好的。我们的高层次产品企业,好的企业能不能变大变强,这可能是国家政府比较关心的,我们再把高层次产品企业进行细分,看看结果是什么,研究发现整体来讲,进口竞争对不同所有制的影响是没有差异的,对不同所有制的企业是没有差异的,对出口不同目的地的企业也是没有差异的。差异性在哪呢?一般贸易与加工贸易的影响是有差异的,对一般贸易的影响抑制作用比较小,对加工贸易的抑制作用比较大。这是一个发现,第二个发现,我们再对行业进行划分,我们发现行业的差异性很大。我们对进口的产品进行细分,发现一些很有意思的现象,把产品分成高质量的产品和低质量的产品。高质量的产品,进一步又分成资本品、中间品、消费品,不同类型的高质量的产品对国内的影响,整体是抑制高生产率企业,促进低生产率企业的出口产品质量的提升,这里面再细分会发现高质量资本品的进口竞争,对高生产率企业具有显著的促进作用,这个和我们的常识是一致的。

研究低质量产品的进口竞争对高生产率企业的影响,我们发现低质量产品的进口竞争促进了高生产率企业的出口产品质量的提高,但是它抑制了同类的低生产率企业的出口产品质量。从细分来讲,低质量的中间品进口,对高生产率企业出口也是有促进作用的,低质量的资本品进口对高生产率企业出口也是促进的,相反对低生产率企业出口都是抑制的。在此基础之上,我们再进一步拓展分析这里面的机制是什么样的？进口竞争导致高生产率企业利润率是增长的、企业的销售规模是扩大的，在出口市场上，进口竞争导致的企业出口产品的质量是下降的，出口产品低质低价规模上升，是这样一个路线，这是进口竞争导致的高生产率。第二个进口竞争高生产率是什么呢？进口竞争倒逼了高生产率企业，就是倒逼机制产生作用了，倒逼高生产率企业增加研发投入，但研发投入没有逆转进口竞争对高生产率企业的抑制作用，就是一正一负最终显示的是负效应，总的来说进口竞争，对高生产率企业出口产品质量的影响同时表现为正效应和负效应，也就是熊彼特效应和逃离竞争效应。但是这种负效应，也就是熊彼特效应大于这种积极应对的效应，从而导致高生产率企业的倒逼机制综合起来最终没有发生作用。进口竞争导致的低生产率企业产品的销售规模下降，利润率没降，在出口市场，进口竞争导致低生产率企业的出口产品质量的提升，总的来说低生产率企业走上了高质高价的发展路线。进口竞争导致低生产率企业的研发投入下降了，但促使低生产率企业雇用了更多的高技术人员。总的来说，低生产率企业最终体现出来的特征是高质高价，因为低生产率企业为存活，必须积极应对。高生产率企业可能不是一个存活问题，而只是发展的问题，所以由于研发、融资约束等各种因素导致高生产率企业走的是消极应对的道路，注重的是量而不是质。

在此基础之上，进口竞争对企业的质量影响，体现在高技术人员的雇用、研发的投入，但我们就讲技术，技术和制度是有关系的，比如知识产权，我们研究了知识产权保护对这种行为的影响，我们有一个新的发现，当中国的知识产权保护力度加大的时候，对高生产率企业起到的是抑制作用，对低生产率企业起到的是促进作用。原因所在呢？由于知识产权保护程度如果加强会导致国内的高生产率企业也就是先进企业市场势力加强，市场势力会导致额外收益，也就是市场垄断势力加强，因此会阻碍它进一步加强对技术研发、技术水平的寻求。对低生产率企业是相反的效应，也就是生存的问题。

最后，我们发现进口竞争和企业出口产品质量之前是一个"U"形的关系，整体是负相关，也就说明中国的进口竞争现在还处于拐点的左侧，目前如果想实现中国进口竞争的倒逼机制，还要进一步提升中国的进口，提升进口竞争程度，加剧竞争，刺激倒逼机制的凸显。2012 年以来，出台了一系列的扩大进口的政策法律法规，2017 年中央提出积极扩大进口，到 2018 年上半年提出主动扩大进口，包括 2018 年的第一届中国进口博览会，都是说要扩大进口规模，进一步提升进口冲击力度，倒逼国内企业的改革。这里行业的差异性很大，应该根据不同的行业制定适宜的进口规模，来寻求倒逼机制。我们知道企业的产品质量和研发都是紧密联系在一起的，为什么企业的研发受到约束？特别是一些高生产率企业，是因为我们现在企业的融资约束问题很严峻，所以在扩大进口的同时，要缓解企业的融资约束，特别是高生产率企业的融资约束，因为高生产率企业可能是中国未来国际大型跨国公司培养的主体。

（作者单位：北京师范大学经济与工商管理学院）

电价政策性交叉补贴与
中国经济高质量发展

谢 里

首先我介绍什么是电价政策性交叉补贴。交叉补贴,比如两个互补性的商品,把这个价格压下去,把另外互补性的商品价格抬上去,盈亏互补甚至还能盈利。但是电力不一样,电力的交叉补贴是一种政策性的交叉补贴,电力是一种标准化的生产要素和一种标准化的、必需的生活要素。这种生产要素和生活要素,关系到人的生活、生产的方方面面,它的价格具有敏感性,社会对于这个商品的价格的变动反应特别强烈、及时,我国工商业一般比较集中,电力的负荷程度也基本上较稳定,而且用电的电压等级,也较高,那它的供电成本就会很低,如果要去降压,就要有降压站或升压站,成本就上去了。居民用户住得比较分散,特别是在农村,即使你看到我们这里都居住在一起,跟工商业相比,它的分散程度还是大。而且居民电压等级比较低,这意味着居民用户的供电成本是高的,我国工商业和居民用户的电价是倒挂的,本来居民用户的供电成本很高,但是电价很低,工商业用户供电成本很低,但电价很高。决策部门在决策的时候,就是把这个低的和高的,去抵消掉。但实际上远远不是我们考虑的那么简单。这就产生了政府管控下的电价扭曲,形成了电价政策性交叉补贴。电价政策性交叉补贴的提出是有它的道理的,因为电作为商品是一个公共产品,大家都要用到,关系到社会稳定、经济发展,当然居民用电价格低一点,会怎么样呢?用户肯定也不希望价格抬高。

有学者研究农产品的时候,说农产品不容易存储。电更麻烦,需要及时消耗。现在中国技术没有达到可以存储的程度,发多少电,就要用多少,这是一个及时的平衡。所以它是一个需求性的。电力的生产是一个自然垄断网络型的架构,边际成本是递减的,多一个用户增加不了什么成本。电的需求缺乏弹性。政府从几个角度,对电价进行管制,这样的电价并没有真实反映它的成本,从而形成一种扭曲,但是学术界对这种扭曲探讨得很少。电价政策性交叉补贴,不仅仅体现在工商业、居民、用户之间,也体现在不同的电压等级之间,比如两条线,一条是高压线,一条是低压线,高压线送电的成本低一些,低压线送电的成本高一些,但是高压线的价格却高一些,所以它也存在补贴,这种是横向的交叉性补贴,还有用电负荷之间,也存在同样的现象,但不管是从不同的电压等级,还是不同的用电的负荷来看,它都集中在用户身上,因为最终是给用户使用。我们来看一下电价政策性交叉补贴,从 1949 年到 1985 年,我们国家的电价基本上是绑定成本的,工商业的成本高,价格就高。居民的成本高,价格就定得高,工商业的成本低,价格就定得低。到了 1986 年,因为那个时候经济发展,就开始觉得电有点紧缺了,紧缺了就建电厂,中央政府拿不出这么多的钱,那就集资建电厂吧,搞电源电网的建设吧,那个时候如果是以社会资本来建这个电厂,那就会存在价格结构的双核制,一方面国家控制的那些电厂,价格比较低,另一方面社会资产要求回报,要和它的成本对应,价格就有一部分是绑定成本的。到了 1990 年,这个问题还没有那么显著,但后来考虑到电对社会的稳定作用,特别是 2003 年,政府为了维护社会的稳定和保障民生,就把工商业的电价升一升,居民的电价压一压。这样做政府是有理由的,它是为了保障民生和社会稳定,提高电力的普遍服务,但除此之外,还有一个更重要的职能,工商业是环境污染的大户,也是能源消耗的大户,你把工商业的电价提高,它可以有助于节约电力资源,也有助于控制污染,当环境税收缺失的时候,它能够承担起一部分这样的职能。党的十六大报告以后就一直强调科学发展,这时按照科学发展的要求就要转变经济发展方式,调整经济结构,转变发展的动能。我们国家电价交叉补贴有3000多亿元,3000多亿元都归电网公司内部消化,像沿海地区的交叉补贴的额度很高,西部地区的电价交叉补贴的额度相对低一些。我做了一些研究,首先评估电价政策性交叉补贴对工商业有什么样的影响?按道理说电价交叉补贴的存在,应该是能够抑制工商业电力消耗的,但实际上并没有抑制,长期来看,它把价格转化为成本,加到消费者头上去了。再看电价交叉补贴对居民的影响,因为高收入阶层的居民能源消费量大一些,所以电价交叉补贴的存在,补贴给高收入居民了,它不是补贴中低收入居民的,其实需要补的是中低收入阶层的人,而不是高收入阶层,这有一个非对称性的存在。电力工业和季节有关,夏季用电量高,就需要配备相应的电源供给电,因为存在电价补贴,更加刺激了电力的消耗量,但是在低补时期,或者是秋季和春季,消耗量下降,这个时候可能就会得到一些平滑。

最后我们算一下,如果从社会的综合福利水平来看,包含经济的福利、节约资源的状态和对生态环境的影响,电价政策性交叉补贴对于社会的综合福利提升没有显著的促进作用,但它在东中西部地区有差异,在西部地区生态保护的功能还是比较强的,其他关于资源的福利,包括社会总体的福利水平、资源配置的福利,都有显著的促进作用。通过研究,我们认为电价交叉补贴不能简单地说取消就取消,因为它可能在不同的地区发挥的功能存在差异,建议要因地制宜因时制宜地缓解电价交叉补贴,而不是一步到位搞一刀切。

(作者单位:湖南大学经济与贸易学院)

军民融合与产业结构优化升级

湛 泳

国防科技工业是我国新型战略性高科技产业,是支撑我国军队从量变到质变的重要基础,肩负国家军事、政治和经济的重任。随着我国军工科技的不断发展、产业结构升级的加速以及国防事业投入的持续增加,推动军民融合的发展已经迫在眉睫。在党的十七大报告中,我国首次提出了走中国特色军民融合发展道路的战略方针,而习近平总书记又相继在党的十八大和十八届三中全会中强调军民融合发展的重要性,坚定了我国推进军民融合产业发展的方向,并在十二届全国人大三次会议上做出将军民融合发展上升为国家战略的重大决策。一般而言,军民融合包含"军转民"与"民参军"两层含义,其中,"军转民"是军工技术在民品生产中的使用和推广,"民参军"是民营企业参与军工生产,在军民融合推进的过程中,两类企业能利用彼此的技术优势和资源优势达到互利共赢的目的。军民融合作为一种新型产业融合模式,从长远角度,有助于打破传统产业模式,推动区域产业结构优化升级和经济增长。

一 军民融合推动产业结构优化升级的内部机制分析

基于军民融合发展的特殊性,军民融合的发展脉络可以分为三个阶段。在初级阶段,原始资金运营为"军转民"与"民参军"企业进行技术研发和新产品的生产提供了保障,基于政策支持,"军转民"企业向民营企业积极学习其先进的管理模式、品牌经营方式和市场策略，"民参军"企业则根据军工生产链的不同资源需求、质量要求和技术需求，通过与军工企业的技术交流、人才交流和信息交流等方式来学习军工生产技术、了解军工生产的要素配比以及研究军工市场的需求结构，推进军工产品的民用化和民用产品的军用化，带动军民产品融合。

在过渡阶段，部分军民融合产业集聚区已经形成，但规模效应有限且仍有部分企业游离在集聚区外。在学习效应的作用下"军转民"企业开始借鉴民企灵活的管理机制，并通过结构重组、股份制改造和产研结合等方式激活企业创新动力；而"民参军"企业则借鉴军工企业的技术研发模式，充分掌握军工生产的技术标准、技术细节、设计原则和产品布局，推动双方技术和人才的进一步融合，落实军民两用品共同开发体系，实现民资军用和军资民用。同时，随着军民信息共享机制的完善，加速产业内的信息融合，又反过来提升资本运行效率、技术融合效率和人才融合效率。

在集聚阶段，军民融合产业整体上已趋于成熟，由集聚所形成的规模效应"军转民"与"民参军"企业结合为一个有机的整体，形成产业内技术、人才、资本、信息、产品和组织结构的全方位、深层次、多系统的军民融合产业发展体系。具体来说，军民融合集聚将进一步加速产业内的资本循环和资本积累，推动产业技术进步和人才积累，为新型高科技产品的研发和应用奠定基础，有助于提升产品市场竞争力；同时技术进步将降低企业的科技风险，减少资源浪费，强化资本积累效应，从而形成一种良性循环。另外，随着军资和民资、军需和民需、军品和民品以及军民技术的深度融合，军民信息网络逐渐建立起来，有助于降低市场信息不对称和优化产业资源配置。

显然，军民融合从初级阶段到集聚阶段的演进过程契合了调整转型和创新升级的发展逻辑，有助于实现产业结构优化升级和区域经济增长：一方面，由于现阶段我国军民融合的着力点在发展智能制造、电子信息以及航空航天等高科技产业，所以发展军民融合的本质就是在推进创新发展,同时,军民融合发展所催生出的"化学效应"有助于优化组织结构,调整产业间的要素配置,改善产业技术结构,实现调整转型;另一方面,通过发挥军民融合集聚的规模经济优势,加强民营企业创新能力和激活军工企业的创新动力,推进战略信息产业和高技术产业发展,形成以信息化为主导、以资源高效利用和技术高效转化为基础、以高端智能产品研发为核心的发展格局,加速地区经济创新升级发展,实现从量变到质变的飞跃。

二 军民融合推动产业结构优化升级的外部机制分析

在军民融合战略实施的过程中,政府需要积极统筹经济建设和国防建设,做好战略规划和顶层设计,不仅为军民融合产业发展提供财政支持和良好的制度环境,还能与军民产业展开项目合作,同时,在政策的引导之下,资本市场和军民自主创新平台为军民融合提供金融支持和技术支撑,共同推进产业发展。值得一提的是,民营企业作为军民技术融合的重要载体,从外部机制来看,军民融合的发展将进一步带动民营资本的流动,推动民营企业的技术进步并推动民营经济和军工经济融入地方经济建设的体系之中,实现协同创新发展。

在发展初期,地方政府需要进行统筹协同,兼顾全局利益与局部利益,衔接国家战略与本地产业发展规划:一方面,通过设立专项基金或转移支付等方式对军民融合产业发展提供财政支持,并积极引导资本市场加大信贷支持力度,保障产品研发和生产的流动性,并通过政府与国家国防科工局和地方军工企业的协调对接,形成初步的合作模式;另一方面,在积极改革调整本地创新模式的同时,同步推进建设军民融合自主创新平台,了解企业的研究需求并协助企业进行初级研发工作,诱发基础创新。但在初级阶段同样存在许多不确定因素:国家政策的提倡和地方政府的积极引导无形中影响了银行的信贷配给和股票市场的资金流向,形成"产业吸引资本"

的现象，导致军民融合对其他产业形成资本挤出效应，以至于地区资源无法得到有效配置，在资源约束的前提下，政府作用的加大将加剧产业间资源错配，同时由于各地区的经济基础和产业发展状况不一致，若当地政府未能做到因地制宜，反而可能影响产业发展活力和削弱企业的市场竞争力；另外，"军转民"在进入民品市场时，需要民营企业为其提供原材料和初级产品，一旦当地的民营经济发展水平不足以满足企业新产品的生产要求，将形成门槛效应。综合来看，在初级阶段，军民融合的产出效率较低，主要依赖资本支持和政策扶植，对推动区域产业结构优化升级的作用有限。

在军民融合发展的过渡阶段，政府通过积极引导地方高校和科研院所与企业的合作，完善创新平台建设和产学研模式，为企业提供技术孵化的场所，而军工企业和民营企业结合自身技术优势，在原始创新的基础上深化技术原理，推动军民技术的相互转化，诱发二次创新，同时通过减少军工企业和民营企业之间的技术壁垒和技术势差、积极消除市场失灵和扩大军民产品的市场影响力等方式为企业营造宽松的制度环境，进一步引导资本市场对军民融合产业进行金融支持，包括利率优惠、支持和协助企业上市和发行债券以及辅助进行并购和重组活动。但随着企业的技术效率和投入产出效率的提高，降低产业对外部资本的依赖度，通过对资本市场的反馈机制，对其他民营企业形成资本转移，弱化挤出效应，提升地区资源配置的效率。地方民营经济体通过向军民融合企业提供原材料，诱发技术外溢。值得一提的是，军民融合的资本转移和技术外溢效应通过增加民营经济体的要素供给，提升了原材料的质量，进而提升了企业生产效率和扩大了军民融合的影响力。

在军民融合产业集聚阶段，第一，从政府作用角度来看，在军民融合集聚阶段，产业发展相对成熟，产业内部的资本运作、组织结构、管理模式以及产品研发和科技创新活动都处于高效稳定的状态，政府出于对新兴产业融合模式的保护动机进一步减弱，诱发政府进行职能转变，充当军民科技成果转化的催化剂，通过优化法律环境、推动地区金融与军民融合集聚的协调发展以及提供产权保护等，通过与产业、高校、研究院以及社会中介机构形成战略合作体系，推进技术网络和市场网络的建设，实现项目对接，提高需求牵引力和技术牵引力。第二，从外部资本投入角度来看，军民融合集聚有助于降低企业的搜寻成本和谈判成本，提高企业的资本运行效率，改善低投入产出现象，同时，产业集聚将加速资本在产业内的循环，形成资本积累，引导外部资金流入民营企业甚至其他行业，有效优化资源配置。第三，从技术创新角度来看，军民融合集聚所产生的磁场效应也将吸引更多专业化人才进入，为企业内的技术研发和创新平台的技术革新提供了保障，而通过自主创新平台的联结和孵化，进一步推进军工技术的市场化应用和民品技术的军用化转移，同时军民融合集聚为军工核心技术与民用核心技术构成一个完整统一的技术体系创造了条件，诱发集成创新，实现从跟踪模仿到自主研发的本质转变，进一步形成创新链条的长效机制，是军民经济长期协同发展的根本源泉。第四，从民营经济的角度来看，从本质上讲，在学习效应和积累效应的作用下，集聚阶段的地方民营经济体已经成了军民融合体系中的重要一员，并逐渐参与军工生产，另外，军民融合产业通过直接资本溢出效应、资本市场的间接金融支持效应以及自主创新的间接技术支持效应来促进民营经济体的发展壮大，吸引更多民营企业参与军民产品的生产线，盘活地区军工市场，实现从质变到新量变的螺旋式上升。

三 军民融合推动产业结构优化升级的影响因素

本质上，军民融合对产业结构的影响是一个有机的动态过程：在政府的统筹协调下，通过引导外部资本和内部资本运行，促进"军转民"与"民参军"企业之间的技术交流、人才交流和信息交流，放大产业外部性效应，推进军民融合产业逐渐走向集聚阶段；通过构建和完善自主创新平台来诱发基础创新、二次创新和集成创新，促进产品融合和产品开发，为军民融合的技术外溢和资本外溢提供了保障。综合军民融合的初级阶段、过渡阶段和集聚阶段，显然军民融合是通过政府作用、物质资本、技术创新三个核心中间变量来推动地区产业结构优化升级。

在初级阶段，企业内部原始资本的投入、政府的财政补贴以及资本市场资金的进入为"民参军"企业研发活动和"军转民"企业生产新型民品提供保障，同时，随着社会资本的参军和社会资源进入生产部门，提升了军民融合产业的外部协作力，提升军民融合产业发展的能动力。而此时自主创新平台只承担了初级的研发任务，政府与产业的通力合作尚未展开，所以在这个阶段军民融合推动产业结构优化升级的方式是以资本驱动为主，政策驱动和创新驱动为辅。但资本的驱动力并不可持续，可能产生产能过剩、资源配置效率低下和资本挤出等负面影响，导致军民融合初期对产业结构优化升级产生一定的负面影响。

在过渡阶段，初步的军民融合集聚区已形成，技术红利对产业结构优化升级积极作用开始显现。政府通过改变政策引导的方式来推动资本驱动向创新驱动的转移，优化产业发展的制度环境，加强与军民融合的合作，通过连接市场、高校和科研院所和地方企业，推进军民技术和资源共享，最大限度地提升资源使用能效，强调企业的主体地位，做好市场需求衔接，积极调节企业与市场的供需匹配。同时，在这一阶段，资本投入的驱动力进一步削弱，技术创新的影响力得到加强，综合来看是以政策驱动为主，资本驱动和创新驱动为辅。

在集聚阶段，资本驱动和政策驱动的影响逐渐减弱，创新驱动对地区产业结构的积极作用逐渐加强，军民融合企业的技术外溢和创新活动趋于成熟稳定，产品开发和创新产出吸引更多民营企业融入军民融合体系中，通过与竞争优势的民营企业进行开展技术合作，扩大军民融合的影响力和驱动力，实现信息化、网络化、自动化和科学化发展，推动军工经济与地方经济的和谐发展。可见，军民融合的发展过程实际上就是一个从资本驱动到创新驱动产业结构优化升级的动态过程，是一种发展理念和发展模式的转变，为地区经济结构调整和经济效益提升起到了良好的带动作用。

军民融合是统筹经济建设与国防建设，实现军民良性互动的必然选择，对提升我国基础国防能力、军队的信息化建设以及推动地区经济发展和产业升级有重要的意义。从理论上讲，技术交流和知识溢出是军民融合发展的基本要求和重要基础，这决定了产业外部性成为军民融合从初级阶段走向集聚阶段的关键因素。军民融合的前期主要通过资本驱动来影响产业结构，但军民融合的高技术和高投入属性导致前期产生资本挤出和技术困境，同时资本的驱动力并不可持续，导致这一阶段对产业结构优化升级的推动效果较差。在外部性作用下，军民融合逐渐走向集聚阶段，集聚所产生的规模效应能通过诱发政府职能转变的制度强化效应、提升地区科技创新能力的技术强化效应、优化资源有效配置的资本强化效应以及增强私营经济发展水平的市场强化效应来推动产业结构优化升级，从而实现从资本驱动到创新驱动的演变。

（作者单位：湘潭大学商学院）

后 记

2018年9月18日,《经济学动态》编辑部承办了中国社会科学院经济研究所主办的"经济学动态·大型研讨会2018"。本次会议主题为"改革开放40年与中国经济高质量发展新境界"。来自中国社会科学院、北京大学、清华大学、中国人民大学、北京师范大学、复旦大学、南开大学、浙江大学、西北大学、中国财政科学研究院等科研机构和高等院校的300多位专家学者参加会议。中国社会科学院副院长蔡昉、高培勇,中国人民大学校长刘伟、中国财政科学研究院院长刘尚希等近50位知名学者分别就"改革开放40年:深化改革与建设现代化经济体系""中国经济高质量发展:赢得良好的外部环境""中国经济高质量发展的理论阐释""中国经济高质量发展的政策选择"等议题进行了深入探讨。

为了能够更广泛分享这次会议的成果,《经济学动态》编辑部在会议发言稿的基础上编辑整理了这部"学术观点集"。与论文集不同,这本"学术观点集"以思想性见长,摒弃了主流学术论文的图表、公式以及计量等内容,以通俗的文字最直接地传递信息。应该说,这是一次尝试。这一"学术观点集"将成为"经济学动态·大型研讨会"这一年度会议的成果持续出版。

这本"学术观点集"能够付梓出版,要感谢参加"经济学动态·大型研讨会2018"各位专家学者,他们贡献了真知灼见,并耐心对稿件进行修改完善;要感谢孙志超、刘洪愧、王红梅和曹帅,他们做了大量编辑整理工作；要特别感谢中国社会科学出版社王曦编辑，她的帮助和鼓励使编辑部有勇气做出这样的尝试。

《经济学动态》编辑部

2019 年 5 月